# 취업 합격 확실한 행복

직무적성 · 자소서
인적성시험 · 면접
합격 비법

# 취확행 직무적성·자소서·인적성시험·면접 합격 비법

2019. 9. 30. 초 판 1쇄 인쇄
**2019. 10. 7. 초 판 1쇄 발행**

지은이 | 김장수, 서영우
펴낸이 | 이종춘
펴낸곳 | **BM** (주)도서출판 **성안당**
주소 | 04032 서울시 마포구 양화로 127 첨단빌딩 3층(출판기획 R&D 센터)
| 10881 경기도 파주시 문발로 112 출판문화정보산업단지(제작 및 물류)
전화 | 02) 3142-0036
| 031) 950-6300
팩스 | 031) 955-0510
등록 | 1973. 2. 1. 제406-2005-000046호
출판사 홈페이지 | **www.cyber.co.kr**
ISBN | 978-89-315-8838-5 (13320)
정가 | **17,000 원**

**이 책을 만든 사람들**
책임 | 최옥현
기획·진행 | 박남균
교정·교열 | 디엔터
표지·본문 디자인 | 박원석, 디엔터
홍보 | 김계향
국제부 | 이선민, 조혜란, 김혜숙
마케팅 | 구본철, 차정욱, 나진호, 이동후, 강호묵
제작 | 김유석

★★★
www.cyber.co.kr
성안당 Web 사이트

**▪ 도서 A/S 안내**

성안당에서 발행하는 모든 도서는 저자와 출판사, 그리고 독자가 함께 만들어 나갑니다.
좋은 책을 펴내기 위해 많은 노력을 기울이고 있습니다. 혹시라도 내용상의 오류나 오탈자 등이
발견되면 "좋은 책은 나라의 보배"로서 우리 모두가 함께 만들어 간다는 마음으로 연락주시기
바랍니다. 수정 보완하여 더 나은 책이 되도록 최선을 다하겠습니다.
성안당은 늘 독자 여러분들의 소중한 의견을 기다리고 있습니다. 좋은 의견을 보내주시는 분께는
성안당 쇼핑몰의 포인트(3,000포인트)를 적립해 드립니다.
잘못 만들어진 책이나 부록 등이 파손된 경우에는 교환해 드립니다.

채용 담당 출신 취업 전문 강사의 대기업
취업 합격을 위한 모든 것

# 취업 합격

# 확실한

김장수 · 서영우 지음

# 행복

BM 성안당

# 취업 합격의 확실한 행복을 위해서

저는 늘 '지원동기'를 강조합니다. 명확한 지원동기는 자기소개서와 면접 단계
에서 본인이 하고 싶은 말의 중심을 잡아주기 때문입니다. 그런데 취업준비생
들과 학생들이 궁금해합니다. 자신에게 지원동기가 없는데 어떻게 만들어내느
냐 하는 것이죠. 대부분 학생의 공통된 지원동기는 이렇습니다. '큰 회사이고,
내가 할 수 있을 것 같은 일이고, 집에서 출퇴근할 수 있고, 연봉도 만족할만한
수준이라서 지원합니다.' 그런데 입사 지원자의 이런 마음을 기업이 몰라서 지
원동기를 다시 물어볼 리는 없겠지요. 기업이 '지원동기'를 통해 듣고 싶어 하는
말은 지원자의 속마음에 있는 진짜 지원동기는 아니라고 생각합니다.

그러면 회사가 원하는 지원동기란 무엇일까요? 지원동기를 조금 더 세부적
으로 살펴보면 회사에 관한 지원동기와 직무에 관한 지원동기로 나눌 수 있는
데, 이 둘을 동시에 물어보는 것이 지원동기입니다. 즉, 지원동기란 '이 회사의
이 직무에 왜 지원했느냐?'라는 것입니다. 조금 달리 말하면 '이 직무를 왜 우리
회사에서 하려고 하는가?'를 묻는 것입니다. 취업준비생들이 '지원동기'가 없다
고 할 때의 내면의 지원동기와 회사가 듣고 싶어 하는 지원동기인 '이 직무를 왜
우리 회사에서 하려고 하는가?'가 서로 다르다는 것을 이해해야만 합니다.

'이 직무를 왜 우리 회사에서 하려고 하는가?'에 답하려면, 먼저 직무 지원동기가 명확해야 합니다. 직무 지원동기만 명확하다면 회사 지원동기는 기업 분석을 통해서 이 직무로 회사에서 기여할 방법으로 찾을 수가 있습니다. 그래서 직무를 정하지 못해서 여기저기 다 지원하는 지원자는 취업의 첫 스텝부터 꼬이는 것입니다. 총 없이 전쟁터에 나서는 것과 같은 것이죠. 그래서 저는 '이정우'라는 가상의 인물을 통해 직무 설정에 관한 이야기부터 하고 싶었습니다. 그리고 또 다른 등장인물인 '김아진'을 통해서는 실전 취업을 위한 기술을 알려주고, 취업 강의에서 만난 학생들로부터 받았던 질문들에 관한 답을 실전 멘토링을 통해 설명하려고 했습니다.

두 명의 등장인물, 취업준비생인 김아진과 예비 취업준비생인 이정우와의 이야기를 통해 딱딱한 대기업 취업 정보를 더욱 쉽게 알려주고자 했습니다. 아무쪼록 이 책의 두 인물과의 만남이 여러분에게도 귀중한 인연이 되길 진심으로 기원합니다.

김장수·서영우

# Contents

## Chapter 01 첫 번째 만남 : 직무 설정

# Chapter 02 두 번째 만남 : 직무 설정 · 직무 분석 · 자기소개서

# Chapter 03 **세 번째 만남** : 자기소개서 · 인 · 적성시험 대비, 직무 설정

## Chapter 04 네 번째 만남 : 면접 대응전략

# 멘토 김장수

나는 대기업 인사 담당자로 5년째 근무하고 있다. 5년 전 합격 통보를 받은 그 날 기쁜 마음에 부모님과 친구들에게 이 소식을 전했다. 지금도 친구들의 반응을 잊지 못한다. 대체로 처음엔 거짓말이 아닌지 의심했다. 들뜬 내 목소리에 거짓이 아님을 알게 된 친구들의 다음 반응은 고용 형태의 의심이었다. 혹시 인턴 사원은 아닌지, 아르바이트를 부풀려 이야기하는 것이 아닌지 말이다. 친구들에겐 그만큼 '믿기 어려운 사건'이었다. 충분히 이해할 수 있었다. 소위 '스펙'이란 것이 나에겐 없었으니까 말이다.

취업준비생 시절을 회상해보면 지금 하는 일이 새삼 고맙다. 본인 업무까지 나에게 떠넘기는 대리님, 시도 때도 없이 회식 자리를 소집하는 팀장님도 이제는 밉지 않다. 나는 도대체 이 회사에 어떻게 들어올 수 있었을까? 친한 친구들마저 믿지 못한 그 어려운 일을 해냈다. 그래서 이 경험이 누군가에게 도움이 될 수 있지 않을까 생각하던 차에 좋은 기회가 생겼다. 회사에서 취업준비생인 대학생들에게 진로와 취업 상담을 제공하는 사회공헌 프로그램을 준비한다는 것이다.

나에게도 2명의 멘티가 생겼다. 한 명은 HR(Human Resources 인사) 분야로 취업하기를 희망하는 취업준비생이고, 다른 한 명은 아직 진로를 결정하지 못한 대학교 2학년 복학생이다. 부족한 스펙임에도 대기업 인사팀에 취업한 경험과 채용 담당자로서의 지식이 이들에게 도움이 되리라 생각한다. 오늘 밤은 내일 이 친구들을 만나서 무슨 이야기를 해줄까 고민하며 잠들 것 같다.

## # 멘티 1 이정우

## # 취업준비생을 준비하고 있는 평범한 대학생

나는 대학생이다. 그리고 조금 부족한 예비 취업준비생이다. 요즘 취업하는 사람들을 보면 토익은 만점에 가깝고 학점도 높고, 도대체 인생을 두 번 살았나 싶을 만큼 이색 활동 경험도 많다. 간혹 스펙 없이 취업했다는 믿기 어려운 성공담을 TV나 책 등의 매체에서 듣기도 하지만 내 주변에선 그런 케이스를 단 한 번도 보지 못했다. 소음이고 희망고문일 뿐이다.

나는 명문대생이 아니다. 공부는 열심히 했다. 단지 나보다 더 열심히 한 사람들이 많았다. 후회하지 않는다. 할 수 있는 최대한의 '열심히'는 딱 거기까지였으니깐 말이다. 지금 고등학생으로 돌아가더라도 결과가 달라지진 않을 것이다. 다행히 내가 선택한 전공에는 만족한다. 경영학과, 일단 취업을 해야 한다고 생각하여 내린 결정이었다. 수학을 못해서 이과생은 되지 못했고 문과에서는 그래도 취업이 제일 잘되는 과가 경영학과라고 생각했다. 그렇지만 경영학과라 하더라도 학벌의 벽을 넘기는 어려웠다. 선배들은 대부분 공무원 공부를 시작했고 대기업에 취업하기란 하늘의 별 따기니깐 어설픈 회사에 들어가서 고생할 바에야 공무원 공부를 1년이라도 일찍 시작하는 것이 낫다고 나에게도 조언했다. 그런데 그 말을 듣지 않은 것이 다행이다. 그때 그 얘길 해준 선배들은 4년이 지난 아직도 공무원 시험에 합격하지 못했으니깐 말이다.

과연 취업이란 걸 할 수는 있을까? 그리고 도대체 어떤 직무를 선택해야 할까? 고민하던 차에, 갈 수만 있다면 가고 싶은 회사에서 멘토링 프로그램을 운영한다는 기사를 보았다. 물론, 가고 싶은 회사일 뿐 갈 수 있다는 말은 아니다. 좋은 회사란 뜻이다. 이런 큰 회사에 다니고 있는 사람 정도라면 내가 취업할 수 있는 비기라도 알고 있지 않을까? 그래서 이력서를 써서 보냈더니 연락이 왔고 바로 내일 만난다. '내일 뵙겠습니다. 김장수 대리님.'

### <멘토링 프로그램 지원서>

| 성명 | 이정우 |
|---|---|
| 나이 | 24세 (경영학과 2학년) |
| 희망 직무 | 아직 못 정했음 |
| 지원 사유 | 어떤 일을 해야 할지 모르겠습니다. 그리고 제가 취업을 할 수 있을지도 막막하기만 합니다. 현업에 계신 담당자분께 저의 진로 고민을 털어놓고 싶습니다. |

## # 완벽한 스펙에도 번번이 낙방, 도대체 왜?

서울 자취방을 정리하고 고향으로 내려가는 버스 안이다. 사람이 없는 심야버스를 타고 라이트펜을 꺼내 들고 착잡한 마음으로 이 글을 쓴다. 졸업할 때까지 취업을 못 할 가능성은 생각해보지 않았다. 취업에 필요한 건 다 했다. 명문대 졸업, 학점, 토익, 해외 경험, 봉사활동, 공모전 수상까지 했다. 그런데도 이번 하반기 공채 기간에 모두 떨어졌다. 대기업, 중소기업 가리지 않고 인사 직무로 30개가 넘는 지원서를 냈지만 대부분 서류전형에서 떨어졌고 그나마 얻은 5번의 면접 기회도 살리지 못했다. 도대체 무엇이 부족해서 떨어진 걸까?

흠이라면 상경계열이 아닌 인문학을 전공했다는 것 정도인데 대신 경제학과를 부전공했다. 인사 직무로 지원하는 이유는 다른 직무보다는 그래도 잘 맞을 것 같다는 느낌 때문이었다. 내성적이라서 영업 직무는 도저히 안 맞을 것 같고, 회계 과목을 너무 싫어했기 때문에 재경 직무도 맞지 않을 것 같았다. 다른 직무들은 무슨 일을 하는지도 감이 잡히지 않았다. 하지만 인사와 관련한 과목인 노동경제학, 인직자본개발론, 조직행위론 등은 모두 A+ 학점을 받았기 때문에 인사는 내게 꽤 잘 맞는다고 생각했다.

이해가 가지 않는다. 이 정도로 열심히 살아왔다면 마땅히 보상이 주어져야 하는 것 아닌가? 날 떨어트린 인사 담당자를 붙잡고 물어나 보고 싶다. 도대체 이유가 무엇이냐고? 그런데 진짜로 물어볼 기회가 생겼다. 마침 한 대기업에서 현직자와 대학생 간의 멘토링 프로그램이 진행한다고 하여, 멘토링을 신청했다. HR 직무를 하고 싶다고 적었더니 그 기업의 인사 담당자가 매칭되었다. 내일 만나기로 했는데 따져 물어볼 생각이다. 도대체 왜 날!

### <멘토링 프로그램 지원서>

| 성명 | 김아진 |
|---|---|
| 나이 | 24세 (명문대 노어노문학과 졸업) |
| 희망 직무 | 인사(HR) |
| 지원 사유 | 인사 담당자가 되고 싶습니다. 취업 시장에서 일반적으로 요구하는 스펙은 충실히 갖추었다고 생각하지만, 지난 하반기에 지원한 기업에게서 모두 불합격 통보를 받았습니다. 이번 멘토링을 통해 제가 부족한 것이 무엇인지 알고 싶습니다. 그리고 멘토님이 재직 중인 기업에도 지원했었는데 서류 심사에서 탈락했습니다. 어떤 점이 부족했는지도 알고 싶습니다. |

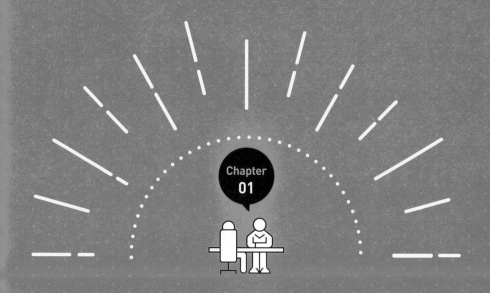

# 첫 번째 만남

(직무 설정)

# # 1/18일 첫 번째 만남 # 자기소개 타임 #모 대학 근처 카페에서

김장수 안녕하세요, 김장수라고 합니다. 이렇게 처음 뵙게 됐네요. 두 분의 지원서는 간략히 살펴봤는데 이정우 씨는 대학교 2학년이고 아직 직무를 정하지 못해서 진로 고민을 하고 있는 중이라고 하셨고요. 김아진 씨는 이번에 대학교를 졸업했고, 하반기에 인사 직무로 지원했었고 앞으로도 인사 직무로 계속 지원할 예정인 것 같아요. 맞으시죠? 그리고 오늘 두 분께 간단한 자기소개서를 준비해서 와달라고 했었어요. 두 분이 어떤 분들인지 제가 이해하는 데에 조금 도움이 될 것 같아서요. 우선 두 분께서 직접 본인 소개를 해주시겠어요?

이정우 안녕하세요, 저는 이정우라고 하고요. 이곳 카페 차창으로 보이는 학교에 다니고 있습니다. 지난 학기에 복학해서 이제 본격적으로 미래를 준비해야 할 것 같은데 어떤 일을 해야 할지 정하지 못해서 막막한 상태입니다. 그래서 이 멘토링 프로그램에 지원하게 되었습니다. 멘토님께서 많이 알려주셨으면 감사하겠습니다. 그리고 죄송합니다만 저는 따로 자기소개서를 준비하지 못했습니다. 한 번도 써본 적이 없어서 어떻게 써야 할지 모르겠어요.

**김장수** 네, 괜찮습니다. 진로 고민을 하고 계시군요. 앞으로 저와 그리고 김아진 씨와 함께 고민해보기로 해요. 그럼 김아진 씨도 소개 부탁해요.

**김아진** 안녕하세요, 김아진이라고 합니다. 저도 멘토님처럼 인사 담당자가 되고 싶어서 HR 직무로 취업 준비를 하고 있고요. 지난 학기에 취업이 되지 않아서 많이 낙담한 상태입니다. 그리고 사실 멘토님 회사에도 지원했었는데 서류에서 탈락했었습니다. 그래서 직접 인사 담당자께 절 떨어트린 이유도 여쭤보고 싶었어요. 그때 썼던 자기소개서를 가지고 왔는데 한 번 봐주시고 무엇을 잘못 쓴 건지 알려주시면 도움이 될 것 같습니다.

## 1-1   직무 선택 : 이상 vs 현실

**김장수** 우리 회사에 지원한 자기소개서는 제가 모두 읽어보기 때문에 아진 씨 자기소개서도 아마 봤을 거예요. 그때 지원했던 자기소개서를 가지고 오셨나요? 그럼 이따 같이 보도록 하겠습니다.

제가 이 멘토링 프로그램에 참여하게 된 이유는 몇 년 전 제가 취업에 성공했을 때의 경험과 그 후 인사 담당자로서 갖게 된 지식을 여러분과 나누고 조금이나마 도움을 드리고 싶어서입니다. 뛰어난 역량과 자질을 갖추고 있음에도 불구하고 지원자가 본인의 역량을 100% 발휘하지 못해서 최종 합격에 이르지 못하는 경우를 보면 참 안타까워요. 그건 지원자도 입사 기회를 상실하는 것이지만, 회사 차원에서도 뛰어난 인재를 얻을 수 있었던 기회를 놓치는 것이거든요. 서로에게 손실인 거죠. 그래서 최소한 저와 만나게 된 두 분이라도 역량을 100% 발휘해서 원하는 기업에 취업하고, 두 분을 채용한 기업과 함께 성장하길 바라는 마음으로 참여하게 되었습니다.

그리고 호칭 정리를 했으면 하는데요. 멘토님이라는 호칭은 부담스럽네요. 멘토로서 삶에 도움이 되는 조언을 드리고자 이 자리에 나온 것이 아니라 취업에 필요한 현실적인 정보들을 알려드리기 위해 나온 것이기 때문에 멘토라는 호칭은 적절하지 않은 것 같아요. 차라리 회사에서 쓰는 호칭인 대리님이라고 불러주시면 더 좋을 것 같아요. 두 분께서 이 멘토링을 신청하신 목적과 배경이 워낙 달라서 어떤 식으로 진행해야 할까 고민이 좀 되는데요. 그래서 두 분의 이야기를 좀 더 들어보고 싶어요. 아진 씨 이야기는 조금 후에 가지고 온 자기소개서를 보면서 같이 얘기해보기로 하고요. 정우 씨께 먼저 물어볼게요. 이 멘토링에 왜 지원했고, 제가 뭘 알려드리면 좋겠고, 또 얻고 싶은 것은 무엇인지 궁금해요.

 **이정우**  현실적인 이야기가 듣고 싶습니다. 괜한 희망을 품고 싶진 않아요. 어떤 직무를 선택해야 조금이라도 취업이 쉬워질지 궁금하고요. 제가 대기업에 가는 것이 가능한지, 가능하지 않다면 현실적으로 어느 수준의 기업을 목표로 해야 할지도 궁금합니다.

김장수 정우 씨 말씀을 정리해보면 첫째, 직무 선택에 도움을 받고 싶다. 둘째, 눈높이를 어디에 맞춰야 할지 궁금하다. 이 두 가지네요. 그렇죠?

이정우 네, 맞습니다.

## 1-2 직무 선택이 빠를수록 취업이 쉬워진다

김장수 먼저, 직무 선택부터 이야기해봅시다. 현실적인 이야기를 듣고 싶다고 했으니깐 직무별 취업 난도부터 생각해보겠습니다. 어떤 직무를 선택해야 취업이 쉬워질지 궁금하다고 하셨는데요. 문과생이라면 그 답은 영업 직무일 확률이 높습니다. 대개 전공 무관으로 채용하며 채용 인원도 제일 많으니까요. 그런데 영업 직무가 적성에 잘 맞지 않은 사람이 영업 직무로 지원하는 것은 과연 취업하기 제일 쉽다고 할 수 있을까요?

이정우 그건 아닐 것 같습니다. 사람마다 차이가 있을 것 같아요.

김장수 일반적인으로 직무별 취업 난도는 의미가 없습니다. 개개인이 모두 적성과 강점이 다르니까요.

**이정우** 결국, 하고 싶은 일, 잘할 수 있는 일을 찾아야 한다는 소리네요.

**김장수** 그렇죠. 이상적인 말처럼 들려서 거부감이 느껴지실지 모르겠지만, 사실은 가장 현실적인 말이기도 합니다. 한 가지 분명히 말할 수 있는 건 직무 선택이 빠르면 빠를수록 취업에 유리하다는 것입니다. 정우 씨는 아직 대학교 2학년입니다. 만약, 지금 시점에서 직무를 정할 수만 있어도 남들보다 훨씬 더 앞서 나갈 수 있다고 생각합니다. 저도 직무를 빨리 정했기 때문에 남들보다 효율적으로 취업 준비를 할 수 있었고, 결과적으로 원했던 회사에 취업할 수 있었습니다.

**김아진** 맞아요. 지난 하반기에 원서를 넣으면서 직무를 조금 더 빨리 정했더라면 좋았을 텐데 라는 생각이 들었어요. 직무는 빨리 정할수록 유리한 것 같아요.

**이정우** 왜죠?

**김장수** 직무 선택이 빠를수록 취업이 쉬워지는 이유는 왜일까요? 예를 들어 봅시다. A라는 학생은 좋은 대학을 졸업하고 높은 학점에 훌륭한 영어 실력까지 갖췄지만, 취업 원서를 내는 순간까지도 하고 싶은 직무를 명확히 정하지 못했다고 가정합시다. 이 학생은 직무를 정하지 못했기 때문에 특정 직무와 관련 있는 경험은 거의 하지 못했습니다. 반면, B라는 학생은 좋은 대학을 졸업하지 못했고 학점도 낮고 영어 실력도 좋지 않지만, 대학교 2학년 때 인사 직무로 진로를 결정하고 인

취업 합격 확실한 행복

사 직무와 관련한 다양한 활동들을 해왔습니다. 그래서 HR 연구동아리에서 회장으로 활동하기도 하고, 많은 현업 인사 담당자들과 네트워크를 쌓았으며, 학교에서도 인사 관련 과목 위주로 많이 수강했습니다. 그래서 인사 분야에 나름의 철학까지 갖게 되었습니다. 이 A와 B 학생 중 어느 학생이 취업이 쉬울까요? 서류 통과율은 아마 A 학생이 높을 것입니다. 그런데 취업은 결국 면접까지 합격해야 합니다. B 학생은 서류 통과율이 높지는 않더라도 면접 기회가 생기면 그 기회를 놓치지 않을 것입니다. 이해가 가실까요?

김아진　혹시 A 학생이 저이고 B 학생이 대리님인가요? (웃음)

김장수　글쎄요, B 학생은 제 이야기가 맞습니다. (웃음)

이정우　그렇군요. 말씀 듣고 보니 더 조급해지는 것 같습니다. 직무를 빨리 정해야 할 것 같아서요. 막막하네요.

---

**1-3**　**높으면 높을수록 좋은 스펙! 인정하되 졸지 말자**

김장수　이런 직무는 나도 할 수 있지 않을까 생각했던 직무들이 있을까요?

이정우　그냥 보통 문과생들이 주로 가는 직무는 다 고민해봤죠. 영업, 재무, 인사…. 또 있나요?

🧑‍🦱 **김장수**　구매, 총무, 기획, 해외영업 등도 있죠.

🧑 **이정우**　사실 회사에 어떤 직무가 있는지 아직 잘 모릅니다. 선배들을 보면 중소기업의 영업 직무로 많이 취업해서 막연히 나도 영업을 해야 하나 생각도 해봤고요. 재무도 생각해봤어요. 제가 공부를 못했어도 나름 숫자 계산은 빠르거든요. 수능 볼 때도 수리영역을 제일 잘했어요. 그런데 재무는 워낙 스펙 좋은 사람들이 간다고 해서 제가 엄두를 내면 안 되는 거 아닌가 하는 생각도 합니다. 인사도 마찬가지고요. 엄청나게 조금 뽑는다 하더라고요.

🧑‍🦱 **김장수**　이제 겨우 2학년이잖아요. 인사나 재무가 뽑는 인원이 많지 않은 건 맞지만 벌써 그런 현실적인 이유까지 고려할 필요는 없지 않을까요? 아진 씨는 어떻게 생각하세요?

👩 **김아진**　멘토님 말씀도 맞지만, 취업 준비를 하는 저로서 말씀드리자면 정우 씨 생각이 어쩌면 현명할 수도 있다고 생각해요. 저는 나름 갖춰야 하는 스펙은 갖췄다고 생각하는데도 인사로 지원을 했더니 합격하기 쉽지 않더라고요. 하반기에도 취업이 안 되면 다음부터는 다른 직무로 지원할 생각도 하고 있어요.

🧑‍🦱 **김장수**　저도 불과 몇 년 전까지 대학생이었고 취업준비생이었기 때문에 두 분께서 어떤 마음으로 한 말인지 충분히 이해합니다. 그런데 어쩌면 제가 두 분께 희망의 증거가 될 수 있지 않을까 싶어요. 저도 좋은 대

학을 나오진 못했거든요. 그래도 이렇게 인사팀에 취업했잖아요.

이정우 그런데 대리님 같은 경우는 소수이고 학벌이 좋은 분들이 인사팀이나 재무팀에 많이 가는 것도 사실이잖아요. 희망은 안 주셔도 되고 그냥 솔직한 말씀을 더 듣고 싶어요. 대리님 회사에서도 인사팀이나 재무팀 같은 경영지원 부서에 계신 분들은 스펙이 굉장히 좋지 않아요?

김장수 대학교에 채용설명회를 가서 학생들을 상담해보면 방금 하신 질문과 같은 맥락의 질문들을 굉장히 많이 받게 됩니다. A 대학교 출신도 대기업에 취업할 수 있나요? 영어 점수는 몇 점 이상이어야 하나요? 학점은 얼마나 높아야 하나요? 지금 이런 게 궁금하신 거죠?

제가 빨리 해결해드릴게요. 모든 스펙은 높으면 높을수록 좋습니다. 유리합니다. 더 드릴 말이 없어요. 회사마다 정해진 기준이 있을 겁니다. 학점은 몇 점 이상이어야 한다거나, 영어 점수가 몇 점 이상이어야 한다거나, 학점, 영어, 학교 등 각 항목의 우선순위를 정해서 차례로 필터링할 수도 있고요. 심지어 서류전형에서 스펙으로만 스크리닝(선별)하고 자기소개서의 내용은 아예 보지 않는 회사도 있습니다.

정우 씨는 본인이 생각하기에 좋지 못한 학교에 다니고 있다고 생각하고 계셔서 고민이신 것 같아요. 그래서 인사팀이나 재무팀은 일찌감치 포기하는 것이 현명하지 않을까 생각하시는 것 맞나요?

이정우 네, 맞아요. 과 선배들만 보더라도 좋은 회사로 가는 경우를 거의 못

봤어요.

김장수 일단 제가 정우 씨 과 선배인데 절 이제 아셨으니 한 명은 보신 거네요.

이정우 앗, 정말요?

김장수 네, 본인이 알고 있는 케이스로 자신의 한계를 제한하지 않으면 좋겠
어요. 지금 카페 창으로 보이는 학교 도서관에서 이 순간에도 미래를
준비하기 위해 공부하고 있는 학생들이 있고, 그들 가운데 지금은 상
상도 못 할 만큼 사회·경제적으로 성공하실 분도 분명히 있을 겁니
다. 제 모교에서 대기업에 취업하는 사람들이 적기는 해요. 제가 볼
땐 크게 두 가지 이유가 있어요.

첫 번째는 정우 씨가 이야기한 것처럼 현실적으로 명문대 출신보다
우리 학교 출신이 스펙 측면에서 차별받는 면은 분명히 있어요. 엄연
히 존재하는 현실이죠.

두 번째는 정우 씨처럼 어차피 대기업에는 못 갈 거야 생각해버리
는 분들이 많다는 겁니다. 전 이게 훨씬 더 큰 이유라고 생각합니다.
'인사팀, 재무팀에는 못 갈 거야.'라고 생각하고 애초에 도전도 하지
않는 거죠.

**직무 선택은 실패할 수가 없다**

이정우 도전했다가 실패하면 이도 저도 안 되는 것 아닌가요?

김장수 정우 씨 원래 목표로 했던 대학교가 이 학교였나요?

이정우 물론 아니죠. 고등학교 땐 제가 당연히 더 좋은 대학교에 갈 줄 알고 공부했죠. 서울대학교에 가고 싶었어요.

김장수 목표로 했던 서울대학교에 못 갔다고 해서 정우 씨가 이룬 게 아무것도 없나요? 서울대학교를 목표로 공부했기 때문에 우리 학교에 올 수 있었잖아요. 대기업 재무팀을 목표로 취업 준비한다고 해보죠. 만약, 정우 씨가 대기업 재무팀에 입사를 못 하게 되면, 정우 씨가 이룬 것이 아무것도 없을까요?

이정우 그럼 중견기업, 중소기업 재무팀에 지원해볼 수도 있을 것 같아요. 대기업을 목표로 준비했다면 웬만큼 취업 준비도 되어 있지 않을까요.

김장수 그렇죠. 그리고 재무팀이 아니더라도 나중에 생각이 바뀌어서 다른 직무로 지원하게 되면 그간 대기업 재무팀에 가기 위해 준비한 모든 과정이 모두 무의미한 시간이 될까요?

　대기업 재무팀에 가기 위해 열심히 준비한 학점과 영어 점수가 남아있을 테고요. 또 재무·회계 지식은 다른 직무를 지원할 때도 차별적인 강점이 될 수 있습니다. 예컨대 영업 직무를 지원하더라도 재무·회계 지식은 강점이 될 수 있습니다. 영업에 지원하는 분들 가운데는 뻔한 소통역량만 내세우는 분들이 많은데 모두가 강점이라고 내세우는 건 강점으로 차별화가 될 수 없죠.

이정우　그렇네요. 일단 목표를 정하는 게 중요하겠네요. 그 목표를 성취하든 못하든 그건 나중에 생각할 문제이고요. 안 되더라도 남는 게 있을 테니까요.

김장수　그러니 벌써 '이 회사는 내가 갈 수 없어, 이 직무는 내가 선택할 수 없는 직무야!'라고 생각할 필요가 없다는 말이죠. 그리고 회사보다 하고 싶은 일(직무)을 먼저 생각하셨으면 좋겠어요. '이 직무로는 대기업에 가기는 힘들 거'라고 생각해서 그 직무를 포기하는 건 현명하지 못한 선택이라 생각합니다. 하고 싶은 일이 회사의 규모보다 더 중요하지 않을까요? 중견 혹은 중소기업에서 커리어(career)를 시작하더라도 장기적으로 기업의 최고 전문가로 성장할 기회는 계속 열려있습니다.

이정우　무슨 말씀인지 알 것 같습니다.

취업 합격 확실한 행복

김장수　자, 이제 아진 씨는 자기소개서를 가지고 오셨으니까 자기소개서를
　　　　 보면서 얘기해볼까요?

김아진　자기소개서 여기 있습니다.

---

### 1. MSD의 지원동기를 서술하시오.

'오늘보다 내일이 더 기대되는 기업 MSD'

제가 MSD에 가장 주목한 점은 지속가능 경영의 가능성입니다. 한 치 앞도 내다볼
수 없는 불확실한 경제 상황이지만 다음과 같은 3가지 핵심 경쟁력을 지녔기 때
문에 MSD의 미래는 밝습니다.

### 첫째, 사람과 자연을 생각하는 최고의 기술력

사람을 생각하고 자연을 생각하는 제품 연구는 당장 수익이 떨어질 수도 있습니
다. 하지만 진실함을 가지고 사업을 추진하는 MSD에게 비전 2020 Goal은 자연스
럽게 따라올 것으로 생각합니다.

### 둘째, 무궁무진한 발전 가능성

섬유는 인류와 함께 발전을 거듭해 나가고 있습니다. 의류를 넘어서 산업용, 건축
용, 자동차용, 인테리어용 등 산업 전반에 기초 소재로 사용되며 그 쓰임이 늘어
나고 있습니다. 이러한 섬유 기술의 진보는 회사의 성장을 넘어 삶의 가치를 높일
것이라는 믿음을 갖고 있습니다.

**셋째, 나눔 경영의 미학**

도시락 배달부터 학비지원, 재난지원까지 이웃을 돕는 일을 실천하며 기업의 사회적 책임을 충실히 이행하고 있습니다. 이렇게 혼자가 아니라 더불어 성장하는 MSD의 경영철학은 그 자체가 경쟁력이자 임직원들로 하여금 자부심을 느끼게 합니다. 저도 그 일원이 되어서 MSD의 가치를 공유하고 싶습니다.

## 2. 입사 후 포부를 서술해주십시오.

'창의적 인재들이 모인 MSD'

저는 창의적인 환경개선과 기업의 가치전파를 통해 조직성과를 향상하고 조직원들을 행복하게 하는 HR 전문가의 꿈을 가지고 있습니다. 첨단 화학 섬유, 소재 선도 기업 MSD에서 최고의 HR 전문성을 갖춘 HR specialist가 되고 싶습니다.

기업의 핵심은 사람입니다. 성공하는 기업이 되기 위해서는 '제품을 최고로 만드는 것'을 넘어 '기업 임직원을 최고로 만드는 것'에 성공하여야 합니다. MSD는 이미 최고의 기술력을 가지고 있습니다. MSD의 구성원이 본인의 역량을 최대한 발휘 할 수 있도록 환경을 마련해 준다면 세계시장에서 First Mover가 되는 것은 시간문제라고 생각합니다.

인재를 양성하고 흩어져 있는 구성원의 능력을 모아서 MSD의 경쟁력으로 만들겠습니다. 또한, MSD의 핵심가치를 바탕으로 혁신적이고 균형 있는 기업문화를 구축하고, 성과향상과 조직원의 삶의 질 개선에 기여하는 핵심인재가 되겠습니다.

## 3. 무언가를 도전하여 성취한 경험에 관해 설명해주십시오.

'인생의 지표가 된 북경의 밤'

새로운 도전을 하고 싶어 1학년 겨울 방학, 중국여행을 떠났습니다. 여행 중 독감에 걸려 입원을 하는 단계에 이르렀지만 티베트 고원을 가기 위해 건강을 회복하며 북경에서 머물렀습니다. 기침이 심해서 밖에 나갈 수 없었기 때문에 1주일을 오로지 저를 위한 시간으로 사용했습니다. 이때 세운 목표와 사색들 덕분에 건강과 돈의 소중함을 깨달았고, 한국대학교, 러시아 국립인문대학교 교환학생, 강연회 주최 및 참석, 15개국 배낭여행 등을 할 수 있었습니다. 여행을 다시 시작한 뒤 티베트 고원을 지나 네팔 국경을 향했습니다. 에베레스트 베이스캠프를 향한 걸음과 드넓게 펼쳐진 설원을 바라보는 것은 제게 새로운 모멘텀을 주었습니다. 실패해도 포기하지 않고, 두려워도 계획한 일을 끝까지 도전하는 지금의 제가 다시 태어났습니다. 의지만 있다면 무엇이든 해낼 수 있다고 생각합니다. MSD의 비전 2020 Goal을 함께 이루고 싶습니다.

---

🧑 김장수  네, 자기소개서 잘 보았습니다. 혹시 자기소개서를 쓰고 나서 주변 친구들에게 피드백은 따로 받아보셨어요?

👩 김아진  아니요. 제 자기소개서를 공개하기 좀 부끄러워서 피드백을 받지는 못했어요.

🧑 김장수  그러면 정우 씨께 이 자기소개서 피드백을 숙제로 맡겨볼까 하는데 어떠세요? 저도 자세히 피드백하겠지만 다른 시각에서 보는 피드백도 의미가 있을 거예요. 정우 씨께도 도움이 될 것 같고요. 어때요?

🧑‍🦰 김아진  좀 부끄럽긴 하지만 좋아요.

🧑 김장수  그러면 자기소개서를 어떻게 써야 하는지는 다음 모임 때 자세히 다뤄보기로 하고요. 오늘은 서로를 알아가는 시간이니깐 자기소개서를 바탕으로 몇 가지 질문을 드릴게요. 저는 자기소개서를 보고 아진 씨가 HR을 왜 하려고 하는지 알고 싶었는데 자기소개서에 그 동기가 잘 나타나진 않네요. 혹시 HR을 하시려고 하는 이유가 뭘까요?

🧑‍🦰 김아진  면접이 아니니깐 그냥 솔직하게 말씀드릴게요. HR을 반드시 해야겠다는 생각을 하는 건 아니고요. 그냥 그나마 이게 낫겠다 싶었어요. 수학을 잘하지 못해서 재무는 못하겠고요. 학교에서 회계 수업도 들어봤는데 유일하게 학점이 안 좋은 과목이었어요. 회계만 아니었어도 제 학점은 4.5점 만점을 받을 수도 있었을 거예요. 그리고 낯가림이 심해서 영업은 도저히 못 할 것 같아요. 일하면서 처음 보는 사람을 상대해야 할 때가 많을 텐데 무슨 말을 어떻게 해야 할지 모를 것 같아요. 그래도 인사는 사무실에서 앉아서 일하니까 사람 만날 일도 적을 것 같고 숫자도 많이 안 쓸 것 같고요.

🧑 김장수  학교 수업 중에서 회계 과목이 잘 안 맞았다고 하시니 재무나 회계직무를 하지 않으려 하시는 건 충분히 이해가 갑니다. 영업도 B2B와 B2C가 조금 차이가 있긴 하지만 기본적으로 사람을 상대해야 하는 일이기 때문에 낯가림이 심해서 영업을 안 하시려는 생각도 이해가 가고요. 그런데 인사에 대해선 조금 잘못 이해하고 계신 것 같습니다.

김아진 어떤 점에서요? 사실 인사 직무에 대해서도 자세히 알지는 못해요. 부끄럽네요.

김장수 아니에요. 회사에서 일해본 적이 없으니까 모르시는 게 어쩌면 당연하죠. 아진 씨가 인사는 사람 만날 일이 적을 것 같고 숫자도 많이 안 쓸 것 같다고 하셨는데 둘 다 사실이 아니에요. 우선 사람 만날 일이 많은가에 대해서 말씀드리자면 영업 직무처럼 회사 외부의 사람을 만날 일은 많지 않기는 해요. 그렇지만 회사의 내부 직원들은 그 어느 직무보다 많이 만나야 합니다. 회사 직원들이 일을 잘할 수 있도록 돕는 일이 인사이기 때문에 직원들을 자주 만나고 그들의 이야기를 듣지 않으면 안 되겠죠. 두 번째로 숫자를 많이 쓰지 않을 것 같다고 하셨는데 회사에서 숫자를 쓰지 않는 직무는 하나도 없다고 이해하시면 돼요. 물론 미적분처럼 복잡한 수학을 하는 것이 아니므로 회사에 오시면 충분히 일하면서 배울 수 있는 수준이니깐 전혀 걱정하실 건 없습니다. 아진 씨가 인사 직무를 하려고 했던 이유 두 개가 다 사실과 다른데 어떡하죠?

김아진 그렇네요. 그런데 다른 직무를 할 수도 없어요. 생각해본 적이 없거든요.

김장수 아진 씨에게 드리고 싶은 숙제는 직무 공부에요. NCS 홈페이지에 들어가셔서 인사 직무에 대해 스스로 공부하고 오는 겁니다. 인사가 어떤 것이고 세부 직무로는 어떤 것이 있고 어떤 역량이 필요한지 전반적으로 알아보고 오세요. 물론, 대충은 아시겠지만 처음 보는 것처럼 꼼꼼하게 보고 오셔야 합니다. 리포트처럼 문서 형태로 준비하실 필요는 없고 그냥 공부만 하고 오시면 되니깐 부담 갖지는 마시고요.

김아진 네, 그런데 NCS가 뭔가요?

김장수 NCS는 국가직무능력표준의 영어 약자이고요. 산업현장에서 직무를 수행하기 위해 요구되는 지식·기술·태도 등의 내용을 국가에서 정리한 내용입니다. 단, 같은 직무라도 기업마다 과업과 요구 역량이 조금씩 다를 수는 있다는 건 고려하셔야 합니다. NCS에선 특정 직무의 일반적인 내용을 정리했기 때문에 개별 기업들의 특정 직무가 실제로 수행하는 세부 과업내용은 조금씩 다를 수 있습니다. 최근엔 공기업뿐 아니라 사기업들도 이 NCS를 기반으로 채용을 설계하는 경우가 많아서 꼭 학습하셔야 합니다.

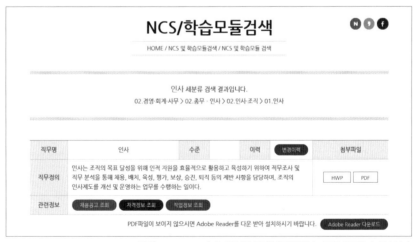

※NCS(www.ncs.go.kr) 홈페이지를 통해 직무별 분석 자료를 확인할 수 있습니다.

취업 합격 확실한 행복

**김장수** 그러면 두 분께 숙제는 하나씩 내드렸네요. 이제 두 분께서 제게 궁금한 것을 질문해주세요.

**이정우** 직무를 빨리 정하는 게 중요하다는 건 이제 알겠는데요. 어떻게 정해야 할지 모르겠어요. 아무 직무나 찍을 수는 없는 거잖아요. 어찌 보면 인생이 걸린 일이잖아요. 학교에서 MBTI 검사 같은 성격 검사도 해주던데 그런 걸 해보면 도움이 될까요?

**김장수** 당연히 도움이 되죠. 본인도 본인을 잘 알기 어렵잖아요. 그럴 땐 MBTI나 에니어그램 같은 성격검사 도구의 도움을 받는 것도 괜찮은 방법이죠. 저도 대학교 때 MBTI나 에니어그램 검사를 다 받아보았습니다. 여담이지만, 전 이런 성격검사 도구로도 부족함을 느껴서 저만의 방법을 고안했었는데요. 친구들에게 저를 어떻게 생각하는지 키워드로 알려달라고 한 적이 있어요. 그냥 저를 어떻게 보는지 말해달라고 하면 막막해 하던데 키워드로 알려달라고 하니까 쉽게 알려주더라고요. 가장 많이 나온 키워드 5가지 정도를 정리해놓고 MBTI 검사와 비교해보니 결과가 일맥상통한 면이 있더라고요. 그리고 이렇게 도출한 키워드는 자기소개서에서도 저의 역량과 강점을 설명하기 위한 키워드로 활용하기도 했었어요. 그럼 숙제를 하나 더 내드릴게요. 학교에서 MBTI 검사받고 결과지 가지고 오기!

😊 **이정우**  네, 알겠습니다.

😎 **김장수**  그런데 성격검사는 나 자신을 알기 위한 도구고요. 직무를 선택하기 위해서는 나 자신을 아는 것도 중요하지만, 직무를 아는 것이 중요하잖아요. 어떻게 해야 직접 해보지 않더라도 직무를 잘 이해할 수 있을까요?

😊 **이정우**  글쎄요, 혹시 추천해주실만한 책이 있을까요?

😎 **김장수**  책을 찾아보는 것도 좋지만, 해당 분야 현직자를 직접 만나서 인터뷰하는 것이 직무를 이해하는 가장 좋은 방법이라 생각합니다. 대학생은 직무를 직접 경험해보기 어려우므로 현직자를 만나서 그들의 실생활을 직접 들어보는 것이 시행착오를 줄이는 길이 될 수 있습니다. 직무 정보를 온라인에서 쉽게 얻을 수 있는 시대이지만 현직자의 생생한 경험담만큼 값진 정보는 없겠죠.

😊 **이정우**  그런데 대리님은 인사 담당자이시잖아요. 저는 인사를 하진 않을 것 같은데 다른 직무 담당자는 어떻게 만나야 하죠?

😎 **김장수**  현직자를 만나는 것도 생각만큼 어렵지 않아요. 가장 쉬운 방법은 본인의 인맥을 활용하는 것이겠죠. 그런데 지인 중에 해당 분야 현직자가 없다면 두 번째 방법은 출신 학교의 취업센터에 요청해보세요. 대부분 학교는 교내에 취업센터가 있고, 졸업한 선배들의 DB를 보유

하고 있으므로 종종 이 같은 문의를 받고 멘토링을 주선하고 있거든요. 세 번째 방법은 채용설명회에 방문하는 것입니다. 채용 시즌에 기업체에서 학교로 방문하는 채용설명회에는 당연히 현직자가 참석하겠죠. 채용설명회를 통해서 얻을 수 있는 정보는 대중 강연의 특성상 제한적일 수밖에 없지만, 채용설명회가 끝난 후 개별 질문시간을 통해 궁금한 것을 충분히 물어볼 수 있습니다. 채용설명회에는 주로 인사 담당자가 방문하지만, 많이 채용하는 직무의 현직자를 대동하는 경우도 많으므로 취업정보 사이트를 통해 채용설명회 정보를 꼼꼼히 확인해보시면 좋겠네요. 네 번째 방법은 멘토링 전문 업체를 통하는 방법입니다. 최근엔 무료로 대학생과 현직자 간 멘토링을 주선하는 멘토링 업체들이 많으므로 이들 업체에 문의하는 것도 좋은 방법이에요.

이정우 그렇군요. 현직자를 만나는 것 말고 직무를 이해할 수 있는 다른 방법은 또 없을까요?

김장수 직무를 간접 체험해볼 수 있는 제일 좋은 방법은 인턴이에요. 다만 인턴으로 근무하는 것 자체가 최근엔 신입 채용에 준할 만큼 경쟁률이 높아요. 채용연계형 인턴의 경우 신입 채용과 전혀 다를 바 없는 채용 절차를 모두 통과해야 하죠. 체험형 인턴도 연계형 인턴만큼은 아니지만, 경쟁률이 높은 것은 마찬가지입니다. 그렇지만 대개 3학년 2학기 또는 4학년 1학기 때 지원이 가능하니깐 인턴에 관심이 있다면 다른 경쟁자들보다 미리 준비해서 경쟁우위를 점할 수 있어요. 정우 씨는 한 번 도전해볼 만합니다.

김아진 저는 어떡하죠. 현직자도 안 만나봤고 인턴도 안 해봤고 성격검사 같은 것도 안 해본 상태인데 이제 그럴 시간도 없거든요.

김장수 현직자는 지금 절 만나고 계시잖아요. 인사 직무에 대해선 저와 좀 더 고민을 해보도록 하시죠. 아까 말씀드린 것처럼 다음 주까지 NCS에서 인사 직무 직무기술서를 공부해 오시도록 하고요.

김아진 일단은 그럼 지금까지 하던 대로 계속 준비해볼게요.

김장수 지금까지 잘해 오셨으니까요. 지금처럼만 계속 준비하시면 좋은 결과가 있도록 제가 도와드리겠습니다.

이정우 마지막으로 질문 한 가지만 할게요. 지금까지 했던 얘기와는 조금 다른 얘기일 수도 있는데 20대에 취업하지 않고 창업하는 것에 대해선 어떻게 생각하세요?

김장수 청년들이 직접 창업에 나서는 것은 적극적으로 장려할만한 일이죠. 본인이 남들이 생각하지 못한 특별한 아이디어가 있고, 그 아이디어를 실현하게 할 수 있는 구체적인 방안이 있다면 도전하는 것도 좋다고 생각합니다. 다만 개인적인 의견으로는 당장 실현하지 않으면 안 된다고 확신할 수 있는 수준의 아이디어가 아니라면 먼저 취업을 해서 이미 비즈니스 모델이 잘 작동되고 있는 조직에서 업무 프로세스를 익히면 추후 창업을 하실 때도 도움이 될 것으로 생각합니다.

🙂 이정우  혹시 창업했다가 실패를 해서 취업을 하려고 하면 기업이 안 좋게 볼까요?

😎 김장수  그건 기업마다, 지원 직무마다 차이가 있을 겁니다. 그런데 창업을 했다는 것은 조직 전체 관점에서 각 직무의 역할을 두루 경험해보았기 때문에 긍정적으로 평가할 기업들이 더 많을 것으로 생각합니다. 그런데 창업 생각도 있으세요?

🙂 이정우  생각이 있는 건 아니지만, 최근 정부나 학교에서 창업 지원프로그램이 많더라고요. 그래서 창업에 실패하더라도 창업 경험이 취업에 도움이 될까 궁금했었어요.

😎 김장수  스펙용 창업을 말씀하시는 건데, 글쎄요. 창업을 하고 열정적으로 도전했으나 실패해서 결과적으로 취업 스펙으로 활용하는 것은 좋지만, 창업을 단순히 스펙용으로 너무 쉽게 접근하시면 창업을 하시더라도 실패는 단연하고 얻게 될 경험과 지식도 많지 않을 것이기 때문에 권해드리기가 어렵네요.

🙂 이정우  그렇군요. 잘 생각해보겠습니다.

**김장수** 그럼, 오늘 첫 만남은 여기서 마무리할까요? 두 분 숙제 꼭 해오시

고요. 다음 주 같은 시간에 이 장소에서 다시 뵙는 걸로 하죠. 고생

하셨어요.

**김아진** 감사합니다!

**이정우** 감사합니다!

취업 합격 확실한 행복

# # 멘토 김장수 # 첫 번째 만남을 마치고

첫 멘토링 모임을 끝냈다. 2명의 멘티를 보고 있자니 나의 과거를 거울로 마주한 기분이 들었다. 특히 정우 씨가 그랬다. 군에서 막 제대하고 나서 진로를 결정하지 못해 불안해하는 모습이 꼭 10년 전의 나를 보는 것 같았다. 안타깝게도 정우 씨는 수년 전의 수능 점수로 본인의 가능성을 제한하고 있었다. 자신을 스스로 한계 속에 가두고 있는 이상 그 밖의 세상으론 나아갈 수가 없다. 그 틀을 깨부수는 용기를 남은 멘토링 시간을 통해 갖길 바란다.

아진 씨는 아주 열심히 살아온 대학생의 전형이라고 해야 할까? 회사에서 채용 업무를 담당하며 아진 씨처럼 스펙 좋은 지원자를 탈락시킬 땐 내가 이런 사람의 인생에 영향을 줄 자격이 있는 걸까 하는 생각이 들 때도 있다. 그렇지만 아진 씨처럼 직무 이해가 부족한 지원자를 열심히 살았다는 이유로 뽑을 수는 없다. 우리 회사뿐 아니라 다른 회사에 지원하더라도 마찬가지다. 운 좋게 서류전형에 통과한다고 하더라도 면접에서 면접관이 만족할만한 답을 하지 못할 것이다.

　원론적인 이야기일 수 있지만, 직무를 이해하려면 그 직무를 진심으로 하고 싶어 해야 하고 스스로 납득할 수 있을 만큼 그 이유가 명확해야 한다. 이것이 직업관이다. 직업관이 분명한 인재는 업무 성과에서도 두각을 낼 수밖에 없다. 면접장에서 직업관이 결여된 대답은 AI가 답하는 것과 다를 바 없다. 요즘엔 AI 같은 답을 하는 지원자가 많다고 한다. 기계적인 연습을 많이 하다 보니 답변 머신이 돼버린 것이다. 질문을 입력하면 답은 나온다. 그런데 그 답에 진정성이 없고, 조금만 꼬리 질문을 해도 금방 밑천이 드러나 버린다. 스피치나 발성을 연습하고 예상 질문에 대한 모범 답안을 달달 외우는 것과 같은 기술적인 연습이 중요한 것이 아니다. 아진 씨가 HR 직무에 진정성을 갖게 되길 기대해본다.

취업 합격 확실한 행복

# 선배들은 어떻게 직무를 정했을까

## 목표가 명확하다면 기회는 반드시 온다

LG화학 생명과학사업본부 양승훈 책임

**Q** 안녕하세요 양 책임님, 우선 지금 하는 일을 소개해주세요.

**A** 안녕하세요. 저는 LG화학 생명과학사업본부에서 조직문화를 담당하고 있는 양승훈이라고 합니다.

**Q** 조직문화 업무라는 것이 많은 대학생에게 생소할 것 같은데요, 조금 더 구체적으로 어떤 일인지 소개해주실 수 있을까요?

**A** 네, 좀 생소하게 생각할 수 있을 것 같아요. 크게 보면 HR의 한 분야라고도 볼 수 있는데요. 모든 조직은 그 조직만의 조직문화가 있어요. 우리 회사 직원들이 공유하는 가치나 행동규범 같은 것들이죠. 이것을 어떻게 성과와 연결할 수 있을지, 그리고 어떻게 하면 더 좋은 조직문화를 만들어갈 수 있을지 그 방안을 고민하고 실행하는 역할이라고 보시면 됩니다.

**Q** 입사하시고 처음부터 조직문화 업무를 담당하셨나요?

**A** 처음부터 조직문화 업무를 담당한 것은 아니었지만, 관련이 깊은 업무를 했었죠. 처음엔 인재개발팀에서 HRD 담당자로 커리어를 시작했었는데요. HRD를 하면서 자연히 조직문화도 접했었고 관심이 생겼어요. 잘할 수 있는 업무라고 생각도 했고요. 그래서 몇 번의 직무 변경 끝에 지금은 조직문화 업무를 맡게 되었습니다.

**Q** 말씀을 들어보니 엄밀히 볼 때 조직문화와 교육(HRD)은 조금 다른 업무인 것 같은데 크게는 HR이라고 볼 수 있잖아요. 처음 HR을 하시려고 한 계기는 언제일까요?

**A** 대학교 때 DRAMA라는 동아리를 만들었어요. Dreams Always Motivate Action이라는 DRAMA의 풀네임으로 짐작할 수 있듯이 동아리원들이 서로 간 꿈을 찾을 수 있도록 도와주는 커뮤니티입니다. 제가 나온 학교가 지방에 있었는데요. 아무래도 서울과는 정보 격차가 있더라고요. 그래서 동기부여도 약한 것 같았고요. 명확한 비전 없이 대학 생활하는 주변 친구들이 안타까웠어요. 그래서 이 친구들에게 '꿈을 찾아주자!'라는 생각을 해서 이 동아리를 통해 멘토링 프로그램도 운영하고, 여러 차례 자기계발 강연회도 주최했었어요. 그런데 나중에 보니 이 동아리에서 했던 일들이 기업의 HRD와 관련이 있더라고요. 자연스레 HRD 담당자가 되어야겠다는 생각을 했었어요.

**Q** 그러면 양 책임님은 직무 결정이 조금은 쉬웠다고 볼 수 있을까요?

**A** 그런 것 같아요. 제가 동아리를 통해 하던 일이 자연스레 지금까지 연결됐으니까요. 내가 이 일을 할 수 있을까? 이 일이 나에게 잘 맞을까? 이런 고민은 거의 하지 않았던 것 같습니다.

**Q** 그런데 HR을 하고 싶어 하는 대학생들은 HR이 워낙 TO가 적다 보니 내가 HR로 입사할 수 있을까하는 걱정을 많이 하잖아요. 그런 학생들에게 어떤 조언을 해주고 싶어요?

**A** 글쎄요, 저는 운이 좋아서 제가 가장 가고 싶었던 회사에서 가장 하고 싶었던 직무를 바로 하게 되었어요. 그런데 제가 쉽게 됐다고 해서 모두에게 쉬운 것은 아니잖아요. 제가 역량이 뛰어났었다는 것이 아니라 운과 타이밍이라는 예측할 수 없는 변수가 많으니까요. 그래서 이 답변이 조금 조심스럽긴 하지만 그래도 정말 HR을 하고 싶다면 도전하시는 것이 맞는다고 봐요. HR을 직접 해보기 전까지는 HR이 본인에게 맞을지 맞지 않을지 알 수 없지만 일단 HR로 희망직무를 설정했다면 일단은 도전하는 것이 중요하다고 생각해요. 혹시 도전하는 과정에서 다른 기회가 생겨서 다른 직무를 하게 될 수도 있겠지만, 본인의 비전만 명확하다면 HR을 할 기회는 반드시 찾아온다고 생각합니다. HR에만 해당하는 이야기는 아니고요. 모든 직무가 마찬가지겠죠.

**Q** 끝으로 진로를 고민하고 있는 청년들에게 해주고 싶은 말이 있다면요?

**A** 어떤 직무든지 경험 없이 그 직무를 하겠다고 결정하는 것은 굉장히

위험하다고 생각합니다. 해보기 전까지는 그 일이 자신에게 맞을지 알 수 없기 때문입니다. 그렇다고 해도 신입사원으로 지원하는 상황에서 어떤 직무의 직접 경험이 있는 분은 없을 거예요. 그래서 간접경험이 중요하다고 생각합니다. 그쪽 분야 사람의 이야기를 들어보는 것도 훌륭한 간접경험 방법이고요, 기회가 닿는다면 인턴 등을 통해 미리 경험을 해보고 직무를 설정한다면 더 분명한 동기부여를 갖게 되지 않을까 싶어요.

## 군대가 내 인생의 전환점

### 공공기관 전산 담당자 송명근

---

**Q** 안녕하세요. 먼저 인터뷰에 응해주셔서 감사드리고요. 어떤 일을 하시는 누구인지 소개 부탁합니다.

**A** 안녕하세요. 저는 공공기관에서 개인정보와 정보보호 업무를 담당하고 있는 송명근이라고 합니다. 쉽게 IT 전산 직무라고 이해하시면 될 것 같습니다.

**Q** 굉장히 젊어 보이는데요, 몇 년 차 근무세요?

**A** 이제 3년 차입니다. 동안으로 봐주셔서 감사하지만, 나이가 어리지는 않아요. 이전에 다른 직장 경험도 2번 더 있거든요.

**Q** 그럼 그전에 다른 일을 하셨던 건가요?

**A** 그전엔 대학교에서 계약직으로 전산 업무를 담당했었고요. 또 그전에는 시멘트 회사에서 생산관리 업무를 담당했었습니다.

**Q** 대학교에서 전산 업무를 하셨던 건 지금과 같은 전산 업무니까 이해가 되는데 시멘트 회사에서 생산관리 업무를 하셨던 건 조금 특이하네요. 직무를 한 번 바꾸신 거네요?

**A** 저는 대학교에서 IT를 전공하지 않았고요, 신소재공학을 전공했었거든요. 첫 직장은 전공에 맞춰서 간 셈이죠. 그리고 직무를 한 번 바꾼 거고요.

**Q** 전산도 전문성이 필요한 일인데 시멘트 회사에서 생산관리를 하시다가 전산 직무로 어떻게 바꾸실 수가 있었어요?

**A** 전공을 IT로 하지는 않았지만 제가 군대를 전산병으로 나왔거든요. 그것도 지금 하는 일과 같은 일인 정보보호 업무를 군대에서 담당했었어요. 군대에서 이 일이 제 적성에 맞는다는 것을 알게 되었죠. 제가 가진 기술로 고객을 만족하게 할 수 있다는 사실에 보람도 느꼈고요. 그런데 취업은 현실이다 보니 아무런 경력도 없는 비전공자가 전산 직무로 취업할 수는 없었어요. 그래서 우선 전공대로 취업은 하고, 회사 안에서 직무 변경을 요구하자는 생각으로 일단 시멘트 회사로 취업했던 겁니다. 그런데 맘처럼 직무 변경이 되지 않더라고요. 어쩔 수 없이 퇴사했고요, 마침 대학교 계약직으로 전산 직무 채용공고가 있어서 지원하여 정보보호 업무를 시작할 수가 있었죠. 그때 쌓

은 경력을 바탕으로 지금 이곳으로 이직도 한 것이고요.

**Q** 그럼 결국 군대가 송명근 님의 진로를 결정지은 거라고 봐도 되겠네요?

**A** 그렇습니다. (웃음) 제가 군대에 전산병으로 간 건 순전히 우연이었거든요. 어쩌다 보니 전산 특기를 받았고 정보보호병이 되었어요. 그 일이 제 인생을 이렇게 끌고 갈지는 몰랐죠. 감사한 일이죠.

**Q** 제가 보통 면접 컨설팅을 할 때 취업준비생들에게 군대 이야기는 될 수 있는대로 하지 말라고 하거든요. 왜냐하면, 군에서의 경험들이 다들 대동소이하기 때문에 군 경험으론 차별적인 경쟁력을 내세우기 어렵기 때문이에요. 그런데 명근 님의 경우엔 군대가 인생을 바꿨으니 굉장히 특이한 사례인 것 같아요.

**A** 그럴지도 모르겠네요. 그런데 저처럼 조금은 특이한 특기로 복무한 사람들은 군 경력을 사회에서도 활용하는 경우를 많이 봤어요. 군대도 잘 활용하면 얼마든지 경력을 쌓는 시간이 될 수 있으니까요. 아무 데나 지원하지 말고 군대도 잘 알아보고 자신과 잘 맞는 병과로 지원하면 좋을 것 같아요.

**Q** 네, 맞는 말씀입니다. 끝으로 아직 진로를 결정하지 못한 청년들을 위해 한 말씀 해주신다면요?

**A** 쉬지 말고 계속 뭔가 해보려는 노력을 하면 좋겠어요. 그게 자신의 적성에 맞든 안 맞든 뭔가를 경험해봐야 그 속에서 자기 적성을 찾을 수 있거든요. 고민하는데 시간을 보내지 말고 지금 할 수 있는 걸 하

고요. 또 그렇다고 너무 한 가지만 하지는 말고 다양한 가능성을 열어놓고 다양한 시도들을 하다 보면 저절로 길이 찾아진다고 생각합니다.

**Q** 마지막 말씀에 딴죽을 거는 듯해서 죄송합니다만, 명근 님께선 다양한 경험을 하시며 길을 찾기보단 군대에서 결정한 길을 쭉 밀고 나가신 것 아닌가요?

**A** 아니에요. 사실 제가 말씀드린 것 말고도 저도 이런저런 시행착오들도 많았어요. 지나고 보니까 그 일들이 단순명료하게 정리가 되는 거죠. 저도 오늘 인터뷰를 하면서 놀랐어요. 매우 많은 일이 있었던 것 같은데 뒤돌아보니 생각만큼 복잡하진 않았네요. 제가 겪은 시행착오들을 모두 설명해 드리려면 나중에 제가 책을 따로 한 권 써야 할 것 같습니다. (웃음)

**Q** 네 나중에 송명근 님의 모든 이야기를 책으로 볼 수 있기를 기대합니다. 오늘 시간 내주셔서 감사드립니다.

**A** 감사합니다.

# 나는 전공만 판다!

### L 석유화학 대기업 공무팀 문현(가명) 선임

---

**Q** 안녕하세요. 대리님, 최근에 이직하셨다고요. 우선 이직 성공하신 것 축하하고요. 왜 이직을 하시게 되었어요?

**A** 제가 이번에 결혼하게 됩니다. 그동안 장거리 연애 중이었는데 주말부부는 싫더라고요. 마침 여자친구 직장과 가까운 곳에 가고 싶었던 회사에서 경력직 채용공고가 떠서 지원하게 되었고 운 좋게 합격까지 하게 되었습니다.

**Q** 이전 직장이 마음에 안 드셨던 건 아니고요?

**A** 이전 직장도 대기업이었고 업무도 괜찮았습니다. 이번 이직은 저의 개인적인 사유가 더 컸어요. 그리고 이전 회사의 네임 밸류 덕분에 이직이 쉬웠기 때문에 고마운 마음만 있습니다. 첫 회사가 중요하다는 사실을 다시 한 번 실감했어요.

**Q** 지금 하는 일이 어떤 일인지 설명을 좀 해주시겠어요?

**A** 공장 설비를 개선하는 일입니다. 지금 설비가 가장 효율적인 상태인지 끊임없이 고민해야 해요. 개선할 점을 발견되면 투자 검토를 통해 새로운 설비를 도입하는 일까지 하고 있습니다. 이전 직장에선 기존 설비의 유지보수만 담당했었는데 투자 검토나 설비 도입 같은 일은 이번에 처음으로 해보게 되었습니다.

취업 합격 확실한 행복

**Q** 어찌 보면 다른 일인데 어떻게 이직이 되었을까요?

**A** 100% 같은 일이라고는 할 수 없지만 비슷한 업무를 했던 경험이 있으니까 그 경험을 바탕으로 새로운 일을 하더라도 금방 일을 배울 것이라고 회사에서 기대한 것 같아요. 해보니까 실제로도 그렇고요. 제가 신입사원 때 이 일을 처음 배웠으면 막막했을 겁니다. 배우는 데 시간도 오래 걸렸을 것이고요. 그런데 지금은 금방 배우고 있어요. 군대 말로 이런 걸 짬밥이라고 하죠. 짬밥이 어디 가는 게 아니더라고요.

**Q** 그렇군요. 그런데 기계공학과를 전공하셨잖아요? 기계공학과를 나와서 갈 수 있는 산업군이 다양한 걸로 알고 있는데 왜 석유화학 회사를 택하신 건가요?

**A** 뭐 대단한 이유가 있었던 건 아니고요. 그냥 석유화학 회사가 일이 더 편할 것 같아서였어요. 대학교 3학년 당시에 그런 자료를 어디선가 봤어요. 또 석유화학 업종이 연봉이 높은 건 익히 알려진 사실이고요. 실제 근무해보니까 좀 다르긴 했지만요. (웃음)

**Q** 어떻게 달랐어요?

**A** 알려진 것처럼 연봉은 적은 편은 아니에요. 그런데 업무 강도는 생각보다 만만치 않았어요. 그리고 업무 강도를 결정짓는 건 사실 어떤 산업이냐 또는 어떤 회사냐 보다 상사가 누구냐가 더 큰 영향을 미치는 것 같아요. 그래서 취업준비생분들이 회사를 선택할 때 업무 강도에 대한 소문을 하나의 기준으로 삼을 필요는 없을 것 같아요. 어차

피 예상할 수가 없거든요. 물론 요즘엔 주 52시간 근무제 덕분에 퇴근 시간은 확실히 빨라졌어요.

**Q** 기계공학과 출신이어서 자연스레 공무 엔지니어가 되셨는데 그럼 사실상 직업을 고등학교 때 결정하신 것이잖아요. 그럼 이 질문이 이번 인터뷰의 핵심 질문이 될 것 같은데요, 기계공학과에 진학하신 이유가 뭘까요?

**A** 제가 이 답변을 하면 조금 실망하실 것 같은데 점수에 맞춰서 갔어요. 우리 집과 가까운 대학교에 가고 싶었는데 그 학교의 전자공학과는 점수가 사실 살짝 부족했어요. 제 점수에선 기계공학과가 딱 맞더라고요. 그래서 기계공학과에 갔어요. 다른 이유는 없었어요. 고민도 없었고요.

**Q** 대리님처럼 많은 학생이 점수에 맞춰서 대학에 진학하죠. 대학교에 가서 전공이 안 맞아서 고민한 적은 없으셨어요?

**A** 저는 전공 공부가 잘 맞았어요. 그래서 문제가 없었는데 주변에 보면 전공이 맞지 않아서 방향을 바꾸려고 한 친구들도 있었죠. 그런데 대부분 지금은 저처럼 설비엔지니어가 되어 있어요. 일도 잘하고 있고요.

**Q** 전공이 맞지 않아서 고민하고 있는 청년들이 많잖아요. 그런 청년들에게 해주고 싶은 얘기가 있다면요?

**A** 학문이 잘 맞는 것과 일이 잘 맞는 건 별개의 문제예요. 학교에서 공부가 잘 안 맞는다고 느꼈어도 막상 일을 해보면 잘하시는 분들이 많

취업 합격 확실한 행복

아요. 반대로 학교에선 공부를 잘했는데 일은 또 잘 안 맞는다고 느끼시는 분들도 많고요. 해봐야 아는 것 같아요. 그러니깐 학문이 잘 안 맞는다고 해서 '나는 엔지니어를 할 수 없을 거야'라고 단정 짓지는 말았으면 좋겠어요. 물론 다양한 가능성을 열어두고 진로 고민을 해야겠지만 기계공학과 출신이 다른 진로를 고민하고 진출하는 것이 만만한 일은 아니거든요. 현실적으로는 전공을 살려서 실제 일을 해보고 그때도 안 맞는다고 느끼면 그때 준비해도 늦지 않다고 생각해요.

**Q** 마지막으로 진로를 고민하고 있는 모든 청년에게 해주고 싶은 말 한 말씀 부탁합니다.

**A** 일을 해보기 전에는 이 일이 잘 맞는지 안 맞는지 몰라요. 그리고 만약에 일이 안 맞으면 그때 새로운 일을 고민해봐도 절대 늦지 않아요. 제가 아무리 이런 얘길 한들 아마 20대 대학생들은 믿지 않을 거예요. 그분들이 초조해 하는 것도 이해가 가고 직무 선택에 부담을 느끼는 것도 충분히 공감은 해요. 저도 그랬으니까요. 그런데 정말이에요. 주변에서 정말 많은 실사례를 봤거든요. 진로를 너무 고민하지 말고 일단 일부터 시작해보시는 걸 권하고 싶습니다. 이상입니다.

# 다양한 정보를 최대한 수집해보세요.

아시아나항공 이예진 승무원

**Q** 안녕하세요. 인터뷰에 응해주셔서 감사드립니다. 지금 하는 일에 관해 소개 부탁드릴게요.

**A** 안녕하세요. 저는 지금 국내 항공사 국제선 승무원으로 근무 중입니다. 입사 초기엔 이코노미에서 근무하다가 지금은 비즈니스에서도 근무하고 있습니다. 경력은 이제 7년 차에 접어들었고요.

**Q** 항공사 승무원을 되고 싶어 하는 분들이 많잖아요. 많은 동경을 받는 직업이기도 하고요. 일해보시니까 어땠어요? 처음 대학생 때 생각했던 승무원의 모습과 같았나요?

**A** 처음 승무원이 되겠다고 생각했을 땐 여러 매체에서 나오는 멋진 모습만 봤었죠. 해외도 많이 나갈 수 있고, 유니폼도 멋있고 이런 점들이 매체를 통해서 많이 주목받잖아요. 그런데 본격적으로 승무원이 되기 위한 준비를 시작한 이후로는 다양한 방면으로 정보를 많이 수집해서 근무 여건과 조건에 대해 구체적으로 알게 되었어요. 온라인 커뮤니티나 책을 통해 현직 또는 경력자들의 경험담을 많이 접하면서 승무원의 화려한 면뿐만 아니라 이면의 어두운 부분도 알게 되었어요. 그래서 애초에 환상 같은 건 없었고요. 제가 기대했던 여건과 실제 근무 환경이 크게 다르지 않았어요.

**Q** 하시고자 하는 일의 긍정적인 면뿐만 아니라 현실적인 조건과 부정적인 면까지 많이 알아보셨던 것이 조직 적응에 도움이 됐다는 말씀이시죠?

**A** 맞아요. 너무 환상만 갖고 있었다면 쉽게 적응하지 못했을 것 같아요. 현업을 하다 보면 예상치 못한 문제가 발생하기도 하고, 저와 조금 다른 생각을 하는 이들의 의사결정에 협조해야 할 때도 있잖아요. 저는 경험해보지 못했지만, 승무원뿐만 아니라 모든 일이 마찬가지 아닐까요? 그러니까 승무원을 준비하시는 분들도 특별히 승무원에 대해서만 과도한 환상은 갖지 않는 편이 좋을 것 같아요.

**Q** 저도 공감합니다. 실제로 기업에서도 신입사원의 주요 퇴사 원인으로 기대한 과업이나 근무 환경의 수준과 현실의 갭을 꼽고 있거든요. 이제 주제를 바꿔서 어떻게 승무원을 생각하게 되셨는지 여쭤볼게요. 어떤 전공을 하셨는지도 궁금하고요.

**A** 저는 경영학을 전공했고요, 그래서 은행 같은 금융권도 처음엔 생각했었는데 3학년 때 생각을 바꿔서 승무원이 되겠다고 결심했어요. 학교 다니면서 여러 서비스업 아르바이트를 많이 했었는데요, 남들은 보통 서비스업이 힘들다고 하는데 저는 잘 맞는 것 같았어요. 그래서 서비스업 중에서 직업을 정하려고 했고요. 또 좀 더 알아보니깐 서비스업 중에서 승무원이 비교적 연봉 수준과 근무 환경이 좋은 것 같아서 승무원이 되기로 결심했었어요.

**Q** 3학년 때 승무원이 되기로 한 건 좀 늦은 결정은 아니었어요? 항공 관련 전공들도 있는 것 같아서요.

**A** 아니에요. 저도 늦지 않았나 생각했는데 충분히 준비가 가능한 시간이었어요. 스터디에 가입해서 스터디원들과 정보를 교류하고 제가 부족하다고 피드백을 받은 내용은 따로 보충하며 시간을 효율적으로 쓰려고 노력했어요.

**Q** 승무원이 되겠다고 결정한 이후로는 다른 생각은 해보지 않았어요?

**A** 해보지 않았어요. 제가 잘할 수 있는 일이란 걸 알고 있었고요. 다양한 정보를 많이 수집하는 과정에서 부정적인 면도 접했지만 제가 충분히 극복할 수 있는 수준이라 판단을 했기 때문에 다른 생각을 할 이유가 없었어요. 지금도 그 결정에 만족하고 있습니다.

## 죽기 전에 못 먹은 밥이 생각나겠는가?

연세대학교 교육대학원 홍탁범

**Q** 이력이 굉장히 특이합니다. 남들이 부러워하는 대기업(포스코 교육재단) 재무팀에서 근무하시다가 돌연 연세대학교 사학과에 편입하고 지금은 연세대학교 대학원에서 역사교육을 전공하고 있으세요. 주변 사람들이 신기하게 생각하지 않나요?

취업 합격 확실한 행복

**A** 너 같은 사람은 처음 봤다는 이야기를 많이 듣습니다. 듣기 좋은 말로 멋있다고 해주는 분들도 계시고요. 제 앞에서 말하진 않겠지만 괜한 걱정하는 분도 많겠죠.

**Q** 이번 인터뷰에서 제일 중요한 질문일 것 같은데요. 왜 회사를 그만두고 학사 편입을 하신 거에요?

**A** 저는 원래 하고 싶었던 일을 선택한 것뿐이에요. 저의 꿈은 원래 교사였어요. 학창시절 내내 반장을 하고, 선생님들의 판서를 대신 해드리기도 했었죠. 체험학습이라는 명목하에 제가 수업을 했던 적도 있었고요. 하루에도 몇 번씩 스피커로 '몇 학년 몇 반 홍탁범, 교무실로 옵니다'를 들었고, 아이들과 선생님들 사이에서 내 별명은 홍 선생이 되었을 정도니까, 누가 보더라도 저는 교사가 꿈인 학생이었습니다.

**Q** 그러면 사범대에 진학하셨겠네요?

**A** 아니요. 2005년도 입시에서 저는 실패했어요. 재수할 집안의 여력도 마음의 여유도 없었어요. 학비도 싸고, 장학금도 받을 수 있고 취업도 잘 되니까 괜찮다는 자기 합리화를 하며 경북대학교 경제학과에 진학했어요. 그때부터 역사 교사라는 제 꿈은 스스로 지웠어요. 취업해야겠다는 생각뿐이었죠. 그런데 무언가 계속 허전하더라고요. '왜 살아야 하는지, 무엇 때문에 살아야 하는지.'라는 근본적인 질문에 답할 수 없었거든요.

**Q** 사춘기가 조금 늦게 시작된 것 아닌가요? 보통은 취업 준비 하기에도 바쁠 텐데….

**A** 20대 초반은 누구나 고민이 많은 시기이기도 하잖아요. 저 같은 경우엔 하고 싶었던 일과 관련이 없는 공부를 전공하고 있었기 때문에 더 고민이 깊었기도 했고요. 그래서 이때도 제가 조금 특이한 선택을 했어요. 보통 우리 과 동기들은 복수전공이나 부전공으로 경영학을 많이 선택했는데, 저는 철학과 수업을 듣기 시작했어요. 결국, 복수전공까지 했죠. 돌이켜보면 이 선택이 제 인생의 전환점이 되었어요.

**Q** 그런데 철학과 수업을 듣고 인생의 전환이 있었다면 좀 더 특이한 결정을 하셨던 것 같은데, 첫 직장으로는 어떻게 보면 평범한 선택을 하셨어요. 포스코 교육재단 재무팀에서 근무하셨는데요, 교육재단이라는 건 흥미롭지만 그래도 직무가 재무이면 일반 사기업 직장인과 크게 다르지 않을 것 같은데요?

**A** 그 선택이 전환점이 되는 순간은 좀 더 나중에 찾아왔어요. 방향을 돌리기에 20대의 나는 여전히 현실이 두려웠거든요. '기쁨을 채우지 못하더라도 공익적인 곳에서 일하자!' 이것이 제가 내린 최선의 타협안이었어요. 그래서 몇 년 후 교육재단(학교법인)에 입사하게 되었죠. 교육이라는 공익에 이바지할 수 있고 심지어 공무원과 동일한 대우까지 보장되는 직장이었기 때문에 당시로써는 제일 나은 선택을 한 셈이죠.

**Q** 그럼 다시 처음 했던 질문으로 다시 돌아와야겠네요. 회사를 그만두고 연세대학교 사학과에 편입하게 된 계기를 이번엔 좀 더 구체적으로 말씀해주세요.

**A** 교육재단에서의 근무는 제 꿈에 대한 미련을 채우기에 부족했어요. 창문 밖으로 삼삼오오 무리를 지어 다니는 아이들이 보였고, 웃음소리가 귓가에 맴돌았죠. 마음이 흔들리던 어느 날, 반 차를 쓰고 몇 년 전 행복에 대한 보고서를 내주셨던 철학과 교수님을 찾아갔어요. 수업하시던 중이라 끝날 때까지 청강을 하려고 뒷자리에 자리를 잡았는데 예기치 못한 상황이 벌어졌어요. 교수님이 절 강단으로 불러 15분간 아이들한테 하고 싶은 말을 해보라고 하신 거예요. 당시 학생들은 갓 입학한 15학번 신입생들이었죠. 15분 동안 10번에 가깝게 "하고 싶은 걸 하세요."라고 말했지요. 준비 없이 올라간 그곳에서 저는 저에게 하고 싶었던 말을 어린 친구들에게 하고 있었던 거예요. 당시를 떠올려 보면 교수님은 나의 고민을 알고 계셨던 것 같기도 해요. 이미 뱉은 말이 있으니 스스로 책임을 져야죠. 한 달 뒤, 2년간의 직장 생활을 마무리했습니다. 그때 나이가 서른이었어요. 부모님은 자식의 결정을 존중해주셨지만, 아쉬워하시던 그 모습을 아직 잊을 수 없네요.

**Q** 그렇게 홍탁범 씨의 역사 교사라는 꿈은 아직 현재진행형이군요. 진로 선택을 두려워하는 20대 청년들에게 해주고 싶은 말이 있다면요?

**A** 2016년 역사 교사의 꿈을 안고 연세대학교 사학과에 편입했을 때 이런 저의 선택에 주위의 반응은 가지각색이었어요. 대단하다고 추

켜세워주는 친구도 있었고 정신 나갔다고 이야기하는 친구도 있었어요. 여러 이야기 중에 특별히 내 기억에 남는 말이 있어요. 한 친구가 제게 이렇게 말했어요. "나는 네가 참 멋지다고 생각한다. 근데 아직 대단하다거나 본받고 싶다는 말은 못하겠다. 포기하지 않고 네가 꿈을 이뤘을 때, 그때 이 말 해줄게." 한 번씩 공부가 힘들 때면 친구의 그 말을 되새기곤 합니다. 꿈이 현실과 멀리 떨어졌을 때, 그럴 때도 꿈을 택한다면 힘든 현실이 기다리고 있을 거예요. 그럼에도 불구하고 꿈을 포기할 수 없다면? 해야죠.

# 진로 선택 vs 선택 : 국내 기업 vs 외국계 기업

외국계 기업은 영어를 잘해야 한다는 인식이 강하고, 국내 기업과 비교하면 채용설명회와 같은 채용 활동을 활발히 하지 않기 때문에 정보를 얻기 쉽지 않습니다. 그래서 오히려 어학 역량에 강점이 있고 조금만 적극적으로 기업 정보를 탐색한다면 외국계 기업도 도전해볼 만합니다.

대부분 국내 기업은 공개 채용 위주로 신입사원을 채용하므로 온라인 취업 포털을 찾아보거나 교내 취업설명회만 참여하더라도 쉽게 채용 조건, 연봉 등에 대한 정보를 접할 수 있습니다. 하지만 외국계 기업은 다소 다릅니다. IBM, 3M, GE 등의 외국계 기업들은 공개 채용을 진행할 때도 있지만 대부분 필요할 때마다 수시로 채용을 진행합니다. 가령, 육아 휴직, 퇴사 등 예기치 못한 결원이 발생했을 경우 기존에 보유한 인력 풀(Pool) 중에서 대상자를 선별하여 면접을 진행하는 경우가 많습니다. 그래서 회사에서 먼저 연락이 올 수 있도록 레쥬메(resume)를 회사 채용 이메일로 미리 보내둘 필요가 있습니다. 또한, 희망하는 기업을 먼저 정해 두고 홈페이지를 자주 방문하여 채용 일정을 정기적으로 확인하는 것이 좋습니다.

근로자의 입장에서 외국계 기업과 국내 기업의 가장 큰 차이점은 조직문화와 고용 안정성이라 할 수 있습니다. 자신이 직장생활에서 원하는 바가 외국계 기업의 특징과 일치하는지 파악하고 충분히 검토하여 채용 지원에서의 선택의 폭을 넓히기 바랍니다.

보통 국내 기업의 신입사원들은 입사 후 길게는 1년에 가까운 긴 연수 기간을 보내게 됩니다. 대기업의 경우 그룹 통합 교육이 먼저 이루어지고 그다음 계열사 교육과 부서 내 직무 교육 등으로 이어집니다. 이처럼 교육 기간이 길고 입사 후 1~2년 동안은 실무를 하더라도 큰 역할을 주지는 않습니다. 반면 외국계 기업에서는 교육기간을 1~2주 정도로 짧게 가지고 실제로 일을 하며 업무를 배우는 방식으로 운영합니다. 국내 기업처럼 대규모 공채 중심의 채용이 아니기 때문에 가능한 방식입니다. 신입사원에게도 높은 수준의 권한과 책임을 주며 직무 전문가로의 빠른 성장을 장려합니다. 또 일반적인 국내 기업과 비교하여 본인의 직무에서 충분한 역량만 쌓는다면 남보다 앞선 승진도 가능하고, 동종 계열로의 이직 기회도 훨씬 많은 편입니다.

## 고용 안정성

우리는 오직 공무원만이 정년보장을 말할 수 있는 시대에 살고 있습니다. 사기업은 외국계든 국내 기업이든 고용 안정성의 차이가 크지 않습니다. 다만 외국계 기업은 2018년 GM의 사례처럼 국내 사업의 철수를 고려하게 되는 경우도 있습니다. 반면 보통 국내 기업들은 갑작스러운 구조조정 등이 있을 때도 충분한 퇴직금이나 유예기간을 주어 대비할 수 있는 시간을 줍니다. 그런 관점에서 국내 기업이 고용 안정성 면에서는 다소 나을 가능성이 있습니다.

이와 조금 다른 얘기일 수 있지만, 외국계의 경우 자발적 퇴사도 많습니다. 직무보다는 조직의 관점에서 관리자로의 성장을 장려하는 국내 기업보단 상대적으로 직무 전문가로 성장할 기회가 열려 있기 때문에 전문성을 쌓은 후 동종 업계로 이직하는 경우가 많기 때문입니다.

물론 이상의 내용은 일반론일 뿐이며 국내 기업과 외국계 기업의 조직문화 차이는 최근 들어 점점 줄어드는 추세이긴 합니다. 외국계 기업이라 하더라도 한국에서 오랜 기간 사업을 하다 보면 조직문화도 현지화되는 경향이 있고, 국내 기업들도 글로벌 시장에서 경쟁하면서 조직문화도 국제적 기준에 맞게 변하고 있기 때문입니다. 하지만 적어도 아직은 일반적으로 국내 기업에서는 '조직 중심', 외국계는 '직무 중심'의 조직문화를 가지고 있는 것이 일반적이므로 선택에 참고하길 바랍니다.

[출처 : 한국경제신문 매거진 캠퍼스잡앤조이 취업칼럼]

# 진로 선택 vs 선택 : 공기업 vs 사기업

공기업의 채용 규모가 커지면서 공기업에 관심을 두는 취업준비생들이 예전보다 많아지고 있습니다. 사기업과 공기업은 어떻게 다르고, 또 취업하기 위해서는 무엇을 다르게 준비해야 할까요? 단순히 취업 그 자체가 목표라면 굳이 사기업과 공기업을 구분하여 준비할 필요는 없습니다. 최근 채용 경향을 보면 사기업과 공기업의 채용 방식이 점점 더 비슷해지고 있기 때문입니다. 공기업에서 시작한 블라인드 채용 방식을 사기업도 점차 도입하는 추세이고, NCS 시험과 사기업 인적성검사의 유형도 유사하다는 관점에서 전공 필기시험이나 논술형 시험이 있는 공기업에 지원할 경우에만 별도의 준비가 필요하다고 할 수 있습니다. 같은 준비 방법으로 다수의 공기업, 사기업에 지원할 수 있는 셈입니다. 하지만 그렇다고 공기업과 사기업에 무차별적으로 모두 지원하기보다는 본인의 성향에 맞는 것을 선택하여 지원하는 것이 바람직하므로 공기업과 사기업의 차이점에 대해 아래와 같이 언급하고자 합니다.

## 고용 안정성

정부가 최대주주인 공기업의 경우 회사가 폐업하는 경우가 거의 없습니다. 국민 생활과의 밀접한 관련성 때문에 국가 자본으로 운영되므로 경영 위기가 오더라도 국가 지원을 기대할 수 있습니다. 반면 사기업의 경우 부도나 구조조정의 위험이 항상 존재합니다. 근 20년 내 얼마나 많은 대기업이 부도가 났거나 인수합병 되었는지 생각해보면 규모가 큰 기업이라 해서 안심할 수는 없다는 것을 알 수 있습니다.

## 업무 강도

사기업 대비 업무 강도가 약하다는 것입니다. 그러나 이는 일반적인 인식일 뿐, 실제 겪을 '워라밸'(Work & Life Balance, 일과 삶의 균형)은 다를 수 있습니다. 업무 강도는 기관별, 부서별로 차이가 크고 또 소속 부서장의 성향에 따라서도 크게 영향을 받기 때문에 공기업 또는 공공기관에서 근무한다고 하여 반드시 업무 강도가 낮을 것이라고 기대하기는 어렵습니다. 사기업도 마찬가지로 기업별, 부서별 업무 강도는 천차만별이고 요즘 들어서는 사기업도 빠른 속도로 일과 삶의 균형을 강조하는 조직문화로 변하고 있습니다. 다시 말해 사기업이든, 공기업이든 업무 강도는 직접 겪어야만 아는 것이므로 선택 기준으로 삼기엔 적절치 않습니다.

만약 하고 싶은 일이 명확하다면 위에서 언급한 현실적인 이유는 중요한 기준이 아닐 수도 있습니다. 예컨대 HR 직무로 일하고자 한다면, 어떤 회사에서 HR을 하는 것이 본인의 커리어와 전문성 향상에 도움이 될 것인가만 고민하면 됩니다. 그 고민의 결과로 선택한 기업이 공기업인가, 사기업인가는 부차적인 문제가 될 것입니다. 또 어떤 직무는 특정 사기업에만 존재하거나 특정 공기업에만 존재하기도 하므로 직무에 따라서는 공기업과 사기업 사이의 선택 자체가 불필요할 수도 있습니다.

아무리 객관적인 기준으로 편하고 고용 안정성이 높은 일을 하더라도 업무가 자신과 맞지 않으면 본인의 입장에서는 힘들 수밖에 없습니다. 그러니 공기업과 사기업 사이의 선택도 중요하지만, 그것보다 하고 싶은 일이 무엇인지를 먼저 고민하기를 바랍니다.

# 진로 선택 vs 선택 : 취업 vs 대학원 진학

많은 학생이 취업과 대학원 진학 사이에서 고민합니다. 자신만의 탄탄한 커리어를 쌓고자 대학원에 진학하지만, 취업이 어려워서 도피처로 대학원을 선택하는 안타까운 경우도 있습니다. 대학원 진학은 앞으로 자신의 커리어 방향을 쉽게 설정할 수 있는 발판이 되는 중요한 선택이므로 만약 대학원 진학을 고려 중이라면 다음의 세 가지를 충분히 검토하길 바랍니다.

## 대학원은 도피처가 아닙니다

대학원 진학은 본인이 원하는 분야에서 더 깊이 공부하고 싶을 때 선택해야 합니다. 진로를 찾지 못하여 도피처로 대학원을 선택해서는 결코 안 됩니다. 혹시라도 그런 마음으로 대학원에 진학한다면 학부보다 훨씬 고단한 대학원 생활에 적응조차 쉽지 않을 것이고 졸업한다고 하더라도 지금의 진로 고민은 또다시 반복될 것입니다. 이미 학부 재학기간인 4년 동안 하고 싶은 일을 고민할 수 있는 충분한 시간이 주어졌음에도 진로를 결정하지 못했다면 대학원을 졸업할 2~3년 후에도 마찬가지일 가능성이 높습니다. 대학원은 이미 진로를 결정한 사람들이 원하는 일이나 학문을 더 전문적으로 배우기 위해 진학하는 곳이지 결코 진로를 찾아주는 곳이 아닙니다.

## 대학원 정보 탐색

대학원은 전문 분야를 깊이 있게 배우는 곳이기 때문에 대학원에서 실제 연구할 분야가 자신의 관심 분야가 맞는지 꼼꼼하게 확인해야 합니다. 또한, 학부와는 다르게 대학원은 기업처럼 그곳만의 조직문화가 있으므로 본인의 성향에 비추어 잘 맞을지도 확인해보는 것이 좋습니다. 가장 중요한 것은 어느 교수님께 지도를 받는 것이냐는 것이므로 교수님의 연구 분야와 관심사를 잘 알아보는 것도 필요합니다. 기업들의 조직문화, 복리후생, 급여 수준 등의 정보들은 온라인상에서 많이 공개되어 있는데 반해 대학원에 대한 정보는 온라인으로 찾기 쉽지 않습니다. 그래서 본인이 직접 알아보는 수밖에 없습니다. 가장 좋은 방법은 지도 교수님을 사전에 미리 만나 뵙고 궁금한 것을 여쭈어 보는 것입니다. 그리고 석사 과정 중에 있는 선배를 만나 조언을 구해보는 것도 좋습니다. 끝으로 대학원 학생처에 요청해서 졸업생들이 어떤 일을 하고 있는지 알아보는 것도 좋은 방법이 될 수 있습니다.

## 직무 고민

학자가 되고자 한다면 당연히 대학원을 진학해야 합니다. 그런데 석사 또는 박사학위 취득 후 기업에서 일하는 것이 목표라면 어떤 일을 하고 싶은지를 먼저 고민해봐야 합니다. 인문사회계열 졸업생들은 먼저 취업을 한 후 재직하며 MBA, 교육대학원 등 특수대학원에 진학해 현업과 학업을 병행하는 경우가 일반적이고, 석·박사를 먼저 마친 후 취업을 한다고 하더라도 직급과 역할 범위의 차이는 있지만, 업무 내용이 학사 출신과 크게 차이가 나지 않는 경우가 많습니다. 그러나 이공계열 출신은 대학원에서 석사나 박사 학위를 취득하고 나면 기업에 연구개발 직무로 지원할 수 있게 됩니다. 연구 직무의 학사 채용도 없지는 않지만 어려운 경우가 많습니다. 어렵사리 학사 출신으로 연구개발직에 근무하게 되더라도 사내에서 주도적으로 연구를 수행하기까지는 상당한 시간이 소요된다는 점에서 연구개발을 희망한다면 대학원에 진학하는 것이 유리할 수 있습니다.

취업과 대학원, 어느 것 하나 쉬운 길이 아닙니다. 그러니 하나가 두려워서 도망치듯 선택하는 것이 아니라 자신이 진정 원하는 길을 가기 위해서나 즐기는 삶을 살기 위해서 선택해야 합니다.

# 진로 선택 vs 선택 : 취업 vs 창업

정부의 적극적인 창업 정책 덕에 청년 창업의 문턱이 많이 낮아졌다고는 하지만 여전히 사회초년생이 창업을 결정하는 것은 대단히 어려운 선택입니다. 창업을 선택했을 때 생길 수 있는 리스크를 예측하기 어렵기 때문입니다. 그래서 대부분 청년은 상대적으로 위험 부담이 적은 취업을 선택하지만, 창업으로 성공한 사람들을 보며 다시 창업을 위한 퇴사를 꿈꾸기도 합니다. 단순히 어느 한쪽이 두려워 떠밀린 선택을 하기보다는 정확한 자기진단을 통해 본인 성향에 맞는 진로를 정해야 후회를 줄일 수 있습니다. 만약 창업을 고민 중이라면 아래 사항을 충분히 고려하기를 바랍니다.

### 창업의 동기

취업난이 가중됨에 따라 취업을 하지 못할 것 같다는 막연한 두려움에 이끌려 떠밀리듯 창업을 선택하는 청년들도 있습니다. 창업에는 어학 점수나 학점 등 소위 말하는 스펙이 필요 없으므로 당장은 상대적으로 부담이 적게 느껴질 수도 있습니다. 또한, 창업은 단시간에 성공하기 어렵다는 것이 통념이기 때문에 아이템 발굴을 핑계로 적어도 1~2년은 마땅한 성과를 내지 못하더라도 대표직 명함을 자랑하며 지낼 수도 있습니다. 하지만 본인의 이름을 건 경쟁은 회사 내에서 '감사원'이 하는 경쟁보다 훨씬 더 치열합니다. 사내 시스템의 보호를 받으며 정해진 룰에 따라 행동하고 눈에 보이는 경쟁자들과 경쟁하는 직장생활과 달리 창업은 그야말로 어떠한 룰도 없는 무한 경쟁입니다. 실패를 통해 무언가를 배웠을 때는 이미 너무 많은 것을 잃은 후일지도 모릅니다. 명확한 비전으로 사업에 도전했음에도 실패했다면 그 실패는 새로운 도전의 밑거름이 되겠지만, 두려움에 떠밀려 한 선택의 결과는 상처뿐인 과거가 될 것입니다.

### 안정적인 수입

폐업이나 자발적 퇴사 등 이변이 없다면 직장인에게는 20년 이상의 고정 수익이 보장됩니다. 일상생활을 하다 보면 불가피하게 업무에 소홀해질 수밖에 없을 때도 있는데 가령, 결혼 준비를 한다거나 가족이 아프다거나 하는 등의 사유로 온전히 일에 집중하지 못해 생산성이 떨어지더라도 월급이 줄어들지는 않습니다. 하지만 사업은 다릅니다. 사업이 안정화되어 어느 정도 고정 수익이 생기기 전까진 본인이 투자할 수 있는 업무의 시간이나 강도, 외부 환경적 상황에 따라 수익이 천양지차일 수 있습니다. 쉽게 말해 창업은 취업보다 불안정한 삶을 선택하는 것입니다. 그런데도 사업을 하겠다면 삶이 불안정해질지라도 자신이 가진 생각과 비전으로 도전할 각오가 되어있는지 고심해 보아야 합니다.

### 사업가 기질

흔히들 사업하는 사람은 리더십이 있고 성격이 활발한 사람일 것이라고 여기는 경우가 많습니다. 그리고 사교적이어서 누구와도 쉽게 친해질 수 있는 사람들이 사업을 한다고 생각합니다. 하지만 필자가 경험한 사업가 중에는 내성적이어서 다른 사람들 앞에서 말하기를 두려워하거나 인맥 관리를 힘들어하는 사람들도 많았습니다. 실제 성공한 사업가 중에서도 내성적인 성격을 가진 이들이 많다고 알려졌습니다. 사업에 적합한 성격이나 성향을 뜻하는 '사업가 기질'의 기준이 성격의 외향성이 될 수는 없다는 뜻입니다. 그렇다면 사업가 기질은 무엇일까요? 언뜻 생각하기에는 새로운 것을 생각할 수 있는 창의성과 이를 현실화할 수 있는 실행력, 그리고 현실화 과정의 어려움을 돌파할 수 있는 추진력 등을 꼽을 수 있을 것 같습니다. 그러나 이 모든 역량은 사업이 아닌 일반 직장생활을 할 때도 필요한 역량이므로 '사업가 기질'이라고 표현하기는 어려울 것 같습니다. 필자가 생각하는 가장 중요한 사업가 기질은 사업을 하고자 하는 진정성입니다. 뻔한 이야기일 수 있겠지만, 사업을 하고자 한다면 내가 왜 사업을 하고자 하는지, 사업을 통해 무엇을 이루고자 하는 것인지 스스로 명확하게 답할 수 있어야 위기가 오더라도 의연하게 대처할 수 있을 것입니다.

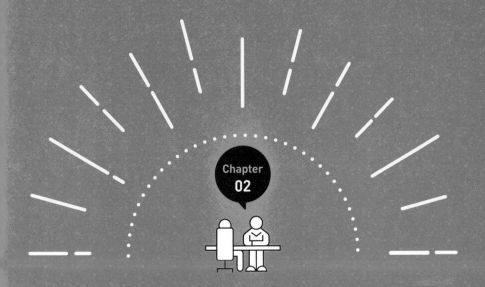

# 두 번째 만남

(직무 설정 · 직무 분석 · 자기소개서)

# # 11/22일 두 번째 만남

## 2-1 진로 탐색은 지피지기부터

🤓 김장수  안녕하세요, 일주일 만에 다시 뵙네요. 그간 잘 지내셨어요?

👩 김아진  안녕하세요, 대리님도 잘 지내셨죠?

😊 이정우  안녕하세요.

🤓 김장수  바쁘게 일하다 보니 일주일이 어떻게 지났는지 모르겠어요. 대학생 때보다 오히려 지금 시각이 더 빨리 가는 것 같아요. 이렇게 아저씨가 되어가나 봅니다.

김아진　아니에요. 대리님은 동안이셔서 대학생처럼 보이세요.

이정우　그런가요? 그건 저는 잘….

김장수　빈말이시겠지만 감사하고요. 정우 씨는 역시 거짓말은 선천적으로 못하시는 성격인 것 같습니다. 자 이제 숙제 검사를 해볼까요? 정우 씨에게는 MBTI 검사와 아진 씨의 자기소개서 첨삭을, 아진 씨에게는 인사 직무 직무기술서 공부해오기를 숙제로 드렸었죠. 먼저 정우 씨 MBTI 검사부터 같이 한번 보죠.

## MBTI

MBTI(Myers—Briggs Type Indicator)는 마이어스(Myers)와 브릭스(Briggs)가 스위스의 정신분석학자인 카를 융(Carl Jung)의 심리 유형론을 토대로 고안한 자기 보고식 성격 유형 검사 도구이다. MBTI는 시행이 쉽고 간편하여 학교, 직장, 군대 등에서 광범위하게 사용되고 있다. MBTI는 다음과 같은 4가지 분류 기준에 따른 결과에 의해 수검자를 16가지 심리 유형 중에 하나로 분류한다. 정신적 에너지의 방향성을 나타내는 외향—내향(E-I) 지표, 정보 수집을 포함한 인식의 기능을 나타내는 감각—직관(S-N) 지표, 수집한 정보를 토대로 합리적으로 판단하고 결정 내리는 사고—감정(T-F) 지표, 인식 기능과 판단 기능이 실생활에서 적용되어 나타난 생활양식을 보여 주는 판단—인식(J-P) 지표이다. MBTI는 이 4가지 선호 지표가 조합된 양식을 통해 16가지 성격 유형을 설명하여, 성격적 특성과 행동의 관계를 이해하도록 돕는다.

[네이버 지식백과] MBTI [Myers—Briggs Type Indicator] (심리학용어사전, 2014. 4., 한국심리학회)

이정우　MBTI 검사 결과 ISTJ가 나왔습니다. 아직 결과지만 받고 결과에 대해 상담 선생님과 상담은 못 해봤어요. 결과지로 보면 '세상의 소금형'이라고 나오네요. 잘 맞는 직무로는 도시개발기술자, 철강노동자, 경찰(관리자), 지역 공익사업 관리자, 중소기업 관리자, 교정직 종사자, 회계사 등이 나와요.

김장수 그렇군요. 결과에 대한 자세한 설명은 저보단 상담사 선생님께 직접 들으시는 것이 훨씬 좋을 것 같아요. 제가 MBTI 검사를 권해드린 건 MBTI가 자신을 이해하는 인식의 틀이 될 수 있다고 생각해서 랍니다. 직무를 정하려면 우선 내가 어떤 사람인지를 이해하는 것이 중요합니다. 예컨대 내가 무엇을 좋아하고 어떤 상황을 불편해하는지를 알아야죠. 물론 자기 자신을 안다는 것은 쉬운 일이 아니고 평생 해야 하는 작업인지도 모르죠. 자신을 깊이 성찰할 수 있는 계기가 생긴다면 좋겠지만, 그렇지 않다면 계기를 스스로 만들 수밖에 없습니다. 순례길을 찾아 떠나는 낭만적인 방법도 있겠지만 가장 손쉽게 본인을 돌아볼 방법이 MBTI와 같은 진단 툴을 활용하는 것으로 생각합니다. 결과지를 바탕으로 본인을 돌아보는 거죠. 해보시니까 어때요?

이정우 일단 저와 잘 맞게 나온 것 같아요. 추천 직업군 중에 제가 해봄 직한 건 회계사(CPA)가 있던데 그럼 전 회계사에 도전하면 되는 걸까요?

김장수 너무 단순하게 접근하시는 건 조금 위험해요. MBTI는 다양한 성격 진단 도구 중 하나이기 때문에 MBTI의 결과만을 너무 맹신하는 건 좋지 않아요. 그리고 같은 성격 유형이라고 하더라도 사람의 성격은 모두가 다르잖아요. 관심 분야도 다를 수 있고요. 저 같은 경우엔 대학생일 땐 MBTI가 ISFJ였는데 최근에 검사했더니 INFP로 완전히 바뀌었더라고요. 시간이 지남에 따라 성격도 바뀔 수가 있는 것 같아요. 그러니깐 MBTI의 성격 16가지 유형 중 한 가지 유형 안에 본인을 가두진 마시고, 결과를 염두에 두고 계속 직무 탐색을 하는 과정에서 참고하시면 좋을 것 같아요.

## 2-2  영업 직무에 적합한 성격이 정해져 있다?

**이정우**  그렇군요. 그런데 다른 건 좀 애매하긴 한데 제가 내향적인 건 분명하거든요. 결과도 I(내향성)가 매우 높게 나왔고요. 그럼 전 영업은 하면 안 되는 게 맞죠?

**김장수**  MBTI 검사에서 내향적이라는 건 정신적 에너지가 내부로 향하는 것을 뜻하는데 우리가 흔히 이야기하는 내성적인 성격과는 조금 차이가 있는 개념입니다. 아무튼, 질문은 내성적인 성격은 영업할 수 없는 것 아니냐는 것이죠?

**이정우**  그렇습니다.

**김장수**  글쎄요, 꼭 그렇지는 않습니다. 내성적인 성격인데도 영업을 잘해서 좋은 성과를 내시는 분들도 분명히 계시거든요. 제 주변에서도 많이 봤고요. 다만 영업은 외향적인 성격이 잘한다는 인식이 지배적이기 때문에 면접 단계에서는 이 인식 자체가 넘어야 할 관문이 될 수도 있어요. 또 영업 직무뿐 아니라 기업에선 보통 내성적인 성격보단 외향적 성격을 선호하긴 하지만, 그렇다고 해서 면접 때 내성적인 사람이 본인의 내성적 성향을 쉽게 숨길 수는 없거든요. 대신 본인이 내성적이기 때문에 가진 영업상 강점을 자신 있게 설명할 수 있어야 합니다. 그리고 소비자와 직접 커뮤니케이션하는 B2C 영업이 아닌 고객사의 담당자와 거래하는 B2B 영업 담당자의 경우에는 내성적인 성격이 오히려 강점이 될 수도 있어요. 고객사 담당자와의 긴밀한 관계를 유지할 수 있는 진중함이 강점으로 작용할 수도 있거든요. 결론을 말씀드리면 영업을 할 것이냐 말 것이냐는 성격이 내성적이냐 외향적이냐로 결정할 문제가 아니고 영업이 본인의 적성에 맞는지, 그리고 정말로 하고 싶은 것인지 본인의 의지로 결정해야 한다는 겁니다.

이정우 그렇군요. 좀 더 고민해볼게요.

김장수 영업 직무를 지원해야 하는지 고민이 많은 것 같아요. 그런데 지난번 만남 때도 말씀드렸던 것처럼 단순히 현실적인 이유로 영업 직무에 지원하는 건 좋지 않아요. 영업 직무가 대체로 전공 무관으로 채용하고 채용인원도 가장 많아서 누구나 지원할 수 있다는 인식이 있긴 하지만 명확한 복표 없이 떠밀리듯이 영업 직무로 지원했다간 합격하기도 쉽지 않을뿐더러 합격하더라도 회사에서 적응하기가 쉽지 않을 겁니다.

직무에 대한 진지한 고민 없이 영업에 지원하시는 분들이 보통 자

취업 합격 확실한 행복

기소개서나 면접에서 본인의 강점으로 '소통'역량을 꼽지만, 이는 차별적인 강점이라 할 수 없어요. 영업 직무에 대한 진지한 고민이 없었기 때문에 '소통'이라는 추상적인 단어로밖에 본인의 직무상 강점을 표현하지 못하는 것이죠. 진짜 영업 직무를 하고자 한다면 소통보다는 훨씬 더 구체적인 본인만의 차별적인 강점이 있어야 하고 그 강점을 설명할 수 있는 경험도 있어야 하죠.

🧑 이정우    차별적인 강점이라면 어떤 것이죠?

🧑 김장수    본인이 아무리 강점이 많더라도 직무와 관련 없는 강점이라면 차별적인 강점이라 할 수 없겠죠. 본인의 강점 중에서 직무와 관련이 있는 것이어야 합니다. 그중에서도 남들이 쉽게 가질 수 없는 본인만의 강점이 있다면 차별적 강점이라 할 수 있겠죠. 그래서 차별적인 강점은 스펙을 말하는 것이 아님을 아셔야 합니다. 대표적 스펙인 토익 점수는 누구나 노력한다면 높은 점수를 얻을 수 있으니까요.

🧑 이정우    그럼 어떤 게 차별적인 강점이죠?

🧑 김장수    본인의 경험을 통해 보여줄 수 있는 역량입니다. 경험은 개인적이므로 누구도 모방할 수가 없죠. 개인의 경험을 통해서 보여줄 수 있는 직무 역량이나 태도, 인성 등이 지원하신 직무에 부합할 때 차별적인 강점이 될 수 있습니다. 뒤에서 다시 설명하겠지만, 그래서 자기소개서나 면접에서 자신이 어떤 강점이 있다고 단순히 주장만 해서는 안

되고 그 강점이 있다는 근거를 본인의 경험으로 제시해야 합니다. 여기에 대해선 자기소개서와 면접에 관해 이야기할 때 다시 자세히 이야기하겠습니다.

다시 돌아와서, 직무에 필요한 역량이 무엇인지 알아야 이 역량과 부합할 수 있는 본인의 강점도 찾을 수 있겠죠? 그래서 직무에 필요한 역량을 어떻게 찾는지 지금부터 알아보겠습니다.

## 2-3 직무기술서로 직무의 K.S.A 확인하기

🧑 김장수 아진 씨, 인사 직무의 직무기술서를 NCS 홈페이지에서 확인하고 오셨죠?

👩 김아진 네, 한 번 읽고 왔어요.

🧑 김장수 그럼 샘플 하나를 보면서 이야기 나눠볼까요? 아래 표는 어떤 공공기관의 인사 직무 직무기술서입니다. 아진 씨가 보고 오신 NCS를 기반으로 작성되어 있죠. 공기업이나 공공기관은 이처럼 NCS를 기반으로 작성된 직무기술서를 기준으로 채용을 진행합니다. 사기업들은 NCS를 기반으로 하거나 자체적으로 만든 직무기술서를 활용하기도 합니다.

👩 김아진 모든 기업이 NCS의 직무기술서를 그대로 따르지는 않는다고 말씀하

셨잖아요. 그럼 각 기업의 직무기술서를 어디서 찾아야 하나요?

김장수　우선 지원하고자 하는 기업의 채용 홈페이지에 있는 경우가 있습니다. 만약 찾을 수 없다면 다른 기업에서의 동일 직무에 대한 직무기술서를 찾아보는 방법도 있습니다. 구글에서 [직무명 직무기술서 pdf]로 검색해보세요. 아래 표는 구글 검색에서 [인사 직무기술서 pdf]로 검색하여 찾은 직무기술서입니다. 영어로 검색하셔서 외국 기업의 자료를 확인해보시는 것도 좋습니다. 영어로 검색한다면 [HR job description pdf]로 검색하시면 되겠죠.

김장수　직무를 정의한 항목인 수행내용, 능력단위를 빼면 나머지 항목은 어떻게 구성되어 있죠?

김아진　필요지식, 필요기술, 직무수행태도로 나뉘어 있어요.

김장수　이 3가지를 HR이나 교육학에서 영어 약자로 어떻게 표현할까요? 인적자원관리론이나 인적자원개발론을 학교에서 수강하셨으면 아실 것 같은데요.

김아진　K.S.A라고 하는 것으로 알고 있습니다. Knowledge, Skill, Attitude의 약자로요.

김장수　맞습니다. 일반적으로 직무에 필요한 역량(Job Competency)을 지식

(Knowledge), 스킬(Skill), 태도(Attitude)로 구분합니다. 여러분이 직무에 적합한 인재인지를 이 3가지 관점으로 구분하여 판단하는 것입니다. 자기소개서와 면접은 지원한 직무에서 요구하는 K.S.A를 갖추고 있음을 증명하는 과정이라고도 할 수 있습니다.

**김아진** 그렇군요. 그럼 취업 준비를 할 때도 원하는 직무에서 요구하는 K.S.A가 무엇인지 확인하는 것이 중요하겠네요.

**김장수** 그렇죠. 그래야만 효율적으로 맞춤형 준비를 할 수 있겠죠. 인생은 시간이 아니고 방향이라고 하잖아요. 실제로 직무와 관련 없는 경험은 아무리 많이 했더라도 취업엔 크게 도움이 되지 않을 수도 있어요.

**김아진** 그런데 K, S, A 중에 뭐가 가장 중요한가요?

**김장수** 글쎄요, 채용 담당자나 면접관마다 이견이 있을 수 있는 문제일 것 같은데요. 개인적인 제 생각으로는 태도(A)가 가장 중요하다고 생각해요. 직무에 적합한 태도만 있다면 지식(K)이나 스킬(S)은 회사에서 일하면서 갖춰나갈 수가 있는데 그 반대는 쉽게 되지 않거든요. 그다음은 지식(K)이라고 생각해요. 어떤 직무를 하고자 한다면 그 직무와 관련된 최소한의 시식은 갖추고 있어야 하죠. 그런데 스킬(S)은 취업준비생이 갖추기엔 쉽지가 않아요. 예를 들어, 위 직무기술서에서 확인할 수 있는 스킬 중 한 가지인 문서 작성 스킬을 갖추고 있다고 주장하더라도 면접관이 믿지는 않을 거예요. 실제로도 어설플 확률이 높

# 【NCS기반 채용 직무 기술서: 인사】

| 채용<br>분야 | 행정 | 대분류 | 중분류 | 소분류 | 세분류 |
|---|---|---|---|---|---|
| | | 02. 경영·회계·사무 | 02.총무·인사 | 02. 인사·조직 | 01. 인사 |
| | | | | 01. 총무 | 01. 총무 |
| | | | | 03. 일반사무 | 02. 사무행정 |

| 기관<br>주요사업 | 국가표준기본법에 의한 국가측정표준 대표기관으로서 국가표준제도의 확립 및 이와 관련된 연구·개발을 수행하고, 그 성과를 보급함으로써 국가 경제발전과 과학기술 발전 및 국민의 삶의 질 향상에 이바지함. |
|---|---|
| 직무<br>수행내용 | □**(인사)** 조직의 목표 달성을 위해 인적 자원을 효율적으로 활용하고 육성하기 위하여 직무조사 및 직무 분석을 통해 채용, 배치, 육성, 평가, 보상, 승진, 퇴직 등의 제반 사항을 담당하며, 조직의 인사제도를 개선 및 운영하는 업무를 수행함.<br>□**(총무)** 조직의 경영목표를 달성하기 위하여 자신의 효율적인 관리, 임직원에 대한 원활한 업무지원 및 복지지원, 대·내외적인 회사의 품격 유지를 위한 제반 업무를 수행함.<br>□**(사무행정)** 부서(팀) 구성원들이 본연의 업무를 원활하게 수행할 수 있도록 문서관리, 문서작성, 데이터 관리, 사무자동화 관리운용 등 조직 내부와 외부에서 요청하거나 필요한 업무를 지원하고 관리하는 업무를 수행함. |
| 세부<br>내용 | □ 채용공고 상 분야별 주요업무 참고 |
| 능력<br>단위 | □**(인사)** 01. 인사기획, 02. 직무관리 등<br>□**(총무)** 01. 사업계획 수립, 07. 업무지원 등<br>□**(사무행정)** 01. 문서작성, 03. 데이터 관리, 07. 사무행정 업무관리 등 |
| 필요<br>지식 | □ **(인사)** 전략적 인적자원관리, 인사전략 환경 분석법, 직무분석, 적정인력산정법, 인사규정, 근로기준법, 직무분석방법론, 사업별 가치 사슬(Value Chain) 분석법, 직무평가법, 직무기반 인사제도 설계 방법, 직무 분석방법론, 직무분류체계 및 직무 종류, 소식선략 등<br>□ **(총무)** 산업동향, 환경 분석방법, 재무관리 기초, 벤치마킹 방법, 인장관리규정, 인장관리 업무 절차, 출장관리규정, 협상방법, 비자발급 프로세스, 증명서 종류(용도, 확인 사항), 증명서 발급절차, 증명서 개정 방법(상법, 정관 구성 포함), 사무 공간 배치 방법, 사무 공간 지원 사내 규정, 표준계약서 작성 등<br>□ **(사무행정)** 부서(팀)의 업무분장 내용, 문서기안 절차, 문서양식과 유형, 매체의 특성, 정보를 비교조사할 수 있는 기술적 지식, 문서의 체계, 자료분류를 위한 기준개발 지식, 자료정리 분류, 문서작성의 목적, 업무용 소프트웨어의 특성, 문서작성 규칙, 문서유형의 특성, 보고 절차, 다양한 데이터 수집도구의 특성, 데이터의 특성, 데이터의 분석 기법, 데이터의 관리 방법, 분석된 데이터의 특성, 분석된 데이터의 활용범위, 보안규정, 개인정보보호법, 데이터의 보안처리기법, 온오프라인 업무 접수 요령 등 |
| 필요<br>기술 | □ **(인사)** 환경분석, 비전과 중장기 사업 전략 분석, 문서작성 능력, 인력수요예측기술, Spread Sheet 기술, 인건비 운영 시뮬레이션, 인력운영의 효율성 분석, 직무조사 설문지 설계, 인터뷰(개인/그룹) 기술, 직무기술서 작성 기술, 촉진(Facilitating) 기법, 무평가관련 자료 조사 및 분석 등<br>□ **(총무)** 환경 분석 기법, 정보수집방법, 문서작성 기법, 우선순위 설정법, 정보처리능력, 문제해결 능력, 기초 외국어 능력, 조정능력 등<br>□ **(사무행정)** 문서기안 능력, 의사표현 능력, 명확하게 표현할 수 있는 디자인 능력, 정보검색 능력, 컴퓨터 활용능력, 매체 사용 활용 능력, 업무용 소프트웨어 활용능력, 분류된 자료의 시사점 도출 능력, 자료검색 능력, 수정된 내용을 신속하게 반영하는 능력, 문서편집 능력 등 |
| 직무수행<br>태도 | □ **(공통)** 객관적인 판단 및 논리적인 분석 태도, 사업파악 및 개선의지, 투명하고 공정한 업무수행의 청렴성, 문제해결에 적극적인 의지, 창의적인 사고 노력, 의사결정 판단 자세, 주인의식 및 책임감 있는 태도, 경영자원 절약 자세, 수용적 의지 및 관찰 태도, 다양한 정보수집을 하려는 태도, 고객 지향적인 사고, 데이터 특성 및 분석 기술, 업무 규정 준수, 상호업무협조 노력, 회의처리 태도, 안전수칙 준수, 상황 판단력과 관찰력이 있는 자세 등 |
| 우대사항 | □ 국가유공자 등 취업지원대상자, 장애인, 여성과학기술인 우대<br>□ 직무관련 분야별 전문자격증 소지자 우대(채용공고 참고) |
| 직업<br>기초능력 | 의사소통능력, 문제해결능력, 자기개발능력, 대인관계능력, 정보능력, 직업윤리 |

죠. 그러니깐 다시 정리하면 직무태도(A)와 직무지식(K) 중심으로 필요한 학습과 경험을 쌓고, 입사 지원을 하는 시점에도 마찬가지로 직무태도(A)와 직무지식(K)을 중심으로 본인의 과거 경험을 정리해보는 것이 좋겠죠.

김아진 그럼 저는 입사 지원을 하고 있으니깐 과거 경험을 K.S.A 관점에서 잘 정리하는 작업만 하면 되겠네요.

김장수 음…. 과거 경험을 잘 정리해서 자기소개서를 잘 적는 것도 중요하지만, 직무에 필요한 지식과 경험은 취업하는 순간까지 계속 쌓아 가셔야죠. 구직 활동이 단기간 안에 끝난다면 상관없지만, 혹시 모를 장기전도 대비하셔야 합니다. 본인의 역량은 정체된 상태에서 자기소개서 작성과 면접 준비만 하며 1년, 2년 세월을 보내다보면 스스로 초조해져서 정신적으로 힘들 겁니다. 또 역량이나 경력을 쌓지 못한 공백기가 발생하게 되겠죠. 면접관들은 대체로 이 공백기를 부정적으로 평가하기 때문에, 이 때문이라도 역량을 계속 강화해나가야 합니다.

김아진 해야 할 게 너무 많은 것 같아요. 자기소개서 쓰기에도 시간이 부족한데 언제 따로 공부도 하고, 직무 경험도 쌓나요?

김장수 맞아요. 할 일이 너무 많죠. 너무 고생을 많이 하고 있는 우리 청년들을 보면 마음이 아픕니다. 하지만 이런 감상과는 별개로 취업은 제한된 기회를 차지하기 위해 많은 이들과 경쟁하여 우위에 서야 하는 일

취업 합격 확실한 행복

이므로 힘들 수밖에 없단 걸 받아들여야 하지 않을까 싶어요.

**김아진** 만약 취업이 생각 이상으로 오랫동안 되지 않는다면, 눈높이를 낮춰서 중소기업에 가든지, 계약직이나 파견직 형태의 근로 형태라도 일단 들어가서 경력을 쌓고 이직을 노리는 것이 더 현명할까요?

**김장수** 정말 많은 취업준비생들이 고민하는 문제인데요. 이 문제는 개개인별로 경제적 여건이나 가치관에 따라 판단이 달라질 수 있기 때문에 정답이 존재하지는 않습니다. 두 판단의 장단점을 객관적으로 따져보고 본인의 상황에 맞게 스스로 결정할 수밖에 없는 문제입니다. 첫직장의 규모나 평판이 본인 커리어에 직접 영향을 미치기 때문에 되도록 처음부터 좋은 기업에서 일하는 것이 유리한 것은 맞습니다. 그런데 무한정 계속 도전한다고 하여 본인이 만족할만한 기업에 취업이 될 것이라는 보장이 없고, 또 취업준비생 기간이 너무 길어지면 많은 나이 탓에 더 큰 어려움을 겪을 수도 있겠죠. 그래서 차선책으로 조금 덜 만족스러운 직장을 선택할 수도 있습니다. 이 경우 앞으로 커리어 관리에 불리함을 감수해야 하지만, 소득이 없는 기간을 최소화할 수 있고, 일단 경력을 쌓기 시작했기 때문에 본인이 역량 여하에 따라 성공적인 이직을 통해 더 좋은 직장에서 일할 기회를 만들 수도 있을 것입니다.

**김아진** 어려운 고민이네요. 이런 고민을 해야 할 시점이 오기 전에 취업이 되면 좋겠어요.

**김장수** 미리 걱정할 필요는 없을 것 같고요. 일단은 지금 할 일에 먼저 집중해봅시다.

**이정우** 두 분 말을 듣다 보니 제가 해야 할 일도 정리가 되는 것 같아요. 우선 직무를 정하기 위해 제가 해야 할 일은 성격 검사나 진로 검사 등 각종 도구(Tool)를 활용하여 자신을 파악하기, 현직자 인터뷰, NCS 학습, 직무 체험 등을 통해 직무 파악하기, 직무를 정했으면 NCS나 가고 싶은 회사의 직무기술서에서 확인한 K.S.A를 중심으로 역량 쌓기 그리고 원서를 내야 하는 시점부턴 쌓아온 K.S.A를 과거 경험으로 정리하여 자기소개서와 면접에 대응하기 등으로 정리하면 될까요?

**김장수** 맞아요. 아주 깔끔하게 정리해주셨네요. 아까 정우 씨가 영업 직무의 차별적 역량이 될 수 있는 것이 무엇인지 물어보셨잖아요. 영업 직무 직무기술서도 한 번 찾아볼까요? 구글에서 <영업 직무기술서 pdf>로 검색해보겠습니다. 한 공기업의 영업 직무 직무기술서가 뜨네요.

**김장수** 영업 직무에 필요한 지식, 기술, 태도가 적혀있는 것을 볼 수 있습니다. 이 표를 보면 제가 '소통'은 영업 직무의 차별적 역량이 될 수 없다고 한 이유가 혹시 이해 가시나요?

**이정우** 소통은 이 표에 있는 역량 단위들보다 굉장히 포괄적인 개념인 것 같아요. 이 표에 있는 대부분의 역량이 해석에 따라서는 소통의 범주 안에 들어갈 것 같습니다.

| | |
|---|---|
| 필요지식 | ■ **마케팅전략 계획수립** – 환경분석기법, 채널별 특성/트랜드 조사/분석, 방통위/상품별 판매기준법령, 방송 판매전략 수립, 방송영상 및 기타 준비사항 일정 체크<br>■ **전략적 제휴** – 협력사 사전 정보 입수, 협력사 주요 이슈 사항 파악, 카테고리별 협력사 운영 사항 주기적 관리<br>■ **고객분석과 데이터 관리** – 온/오프라인 아이디어 상품 시장 분석, 소비자리서치<br>■ **사업환경 분석** – 카테고리별 판매분석 검증 및 향후 운영 계획 점검 관리<br>■ **기업홍보 모니터링** – 방송 모니터링 및 사후 분석(문제점, 보완점) |
| 필요기술 | ■ **마케팅전략 계획수립** – 기획력, 일정수립 능력, 콘셉트 설정능력<br>■ **전략적 제휴** – 마케팅 전략에 기반 한 제휴 수립능력<br>■ **고객분석과 데이터 관리** – 정보수집 능력, 분석력, 기획력, 문서작성 능력<br>■ **사업환경 분석** – 경영환경 분석기법, 유관부서와 협의능력, 편집 능력<br>■ **기업홍보 모니터링** – 제품 경쟁력 분석 능력, 스프레드시트 사용 기술, 프레젠테이션 능력 |
| 수행태도 | ■ **마케팅전략 계획수립** – 시장환경, 고객, 경쟁자 동향 등을 종합적으로 고려하는 전략적 사고<br>■ **전략적 제휴** – 객관적인 분석 태도, 문제해결을 위한 적극적 태도<br>■ **고객분석과 데이터 관리** – 고객·소비자 특성을 정확히 파악하려는 자세<br>■ **사업환경 분석** – 자사의 사업구조를 명확히 파악하려는 자세<br>■ **기업홍보 모니터링** – 고객요구의 주기, 빈도, 피해 정도를 고려하여 위험감지신호를 파악 |
| 우대 자격증 | ■ 컴퓨터활용능력 1~2급, 워드프로세서 1~2급, 정보처리기능사, 정보처리산업기사, 정보처리기사, 한국사능력시험 1~2급, 경영지도사(마케팅), 경영지도사(생산관리), 보석감정사, 정보처리기술사, 유통관리사, 전자상거래관리사, 전자상거래운용사<br>■ 직무 관련 경력 우대 |
| 직업기초능력 | ■ **의사소통능력, 대인관계, 문제해결능력, 직업윤리, 조직이해능력** |

**김장수** 그렇습니다. 그래서 '나의 강점은 소통 역량입니다.'라고 말하는 것은 강점이 무엇인지 잘 모르겠다는 말과 같습니다. 나의 차별적인 강점을 찾기 위해서는 ① 내가 지원한 직무에서 요구하는 역량이 무엇인지 먼저 확인하셔야 합니다. ② 그 역량을 설명할 수 있는 나의 경험을 찾으셔야 합니다. ③ 그 경험을 나만의 키워드로 다시 정리함으로써 나만의 역량키워드를 도출할 수 있습니다. 예를 들어보겠습니다.

① 영업 직무의 세부능력단위인 [고객분석과 데이터관리]에서 필요기술로 '정보수집능력'이 있음을 위 표에서 확인할 수 있죠?

② A 씨는 본인의 경험 중 '정보수집능력'을 보여줄 수 있는 경험을 생각해봅니다. A 씨는 가전대리점에서 아르바이트하며 방문 고객의 동선을 엑셀 표로 정리하고 분석했습니다. 그 결과 고객들이 구매 과정에서 불필요한 대기 시간이 길다는 점을 발견하였습니다. 이에 대기 시간에 새로운 제품을 홍보할 수 있는 제품 체험코너를 설치하는 방안을 제안한 경험이 있습니다.

③ A 씨는 '정보수집능력'을 위 경험을 통해 '고객서비스를 위한 스몰데이터 발굴 역량'으로 다시 정의했습니다. A 씨는 이렇게 나의 경험으로 설명할 수 있는 나만의 역량 키워드를 만들었습니다.

이정우 이해됩니다. ① 내가 지원하는 직무에서 필요로 하는 역량을 확인하고, ② 그 역량에 대응하는 나의 경험을 정리하고, ③ 그 경험을 다시 한 단어 또는 문장으로 정리하여 나만의 역량 키워드를 준비하라는 말씀인 거죠?

김장수 정확합니다.

취업 합격 확실한 행복

김장수    아진 씨가 해 왔던 일을 역량(K.S.A) 관점으로 지금부터 한 번 정리해 볼까요? 다시 정리하고 보면 자신이 생각한 것보다 더 잘 준비된 인재일지도 모릅니다. 제가 도와드리기 전에 정우 씨가 아진 씨 자기소개서를 첨삭해오셨잖아요. 정우 씨의 의견부터 먼저 들어볼까요?

이정우    의견을 좀 정리해봤어요. 우선 저는 아직 취업 준비를 한 적이 없어서 아무것도 모르는 입장이기 때문에 혹시 제가 부정적으로 표현하더라도 기분 나빠하실 이유가 전혀 없다는 걸 말씀드리고 싶어요.

김아진    별말씀을요. 나쁜 얘기라도 좋고요. 솔직하게 가감 없이 평가 부탁합니다.

이정우    우선 지원동기부터 말씀드릴게요.

---

### 1. MSD의 지원동기를 서술하시오

'오늘보다 내일이 더 기대되는 기업 MSD'

제가 MSD에 가장 주목한 점은 지속 가능 경영의 가능성입니다. 한 치 앞도 내다볼 수 없는 불확실한 경제 상황이지만 다음과 같은 3가지 핵심 경쟁력을 지녔기 때문에 MSD의 장래는 밝습니다.

### 첫째, 사람과 자연을 생각하는 최고의 기술력

사람을 생각하고 자연을 생각하는 제품 연구는 당장 수익이 떨어질 수도 있습니다. 하지만 진실함을 가지고 사업을 추진하는 MSD에 비전 2020 Goal은 자연스럽게 따라올 것으로 생각합니다.

### 둘째, 무궁무진한 발전 가능성

섬유는 인류와 함께 발전을 거듭해 나가고 있습니다. 의류를 넘어서 산업용, 건축용, 자동차용, 인테리어용 등 산업 전반에 기초 소재로 사용되며 그 쓰임이 늘어나고 있습니다. 이러한 섬유 기술의 진보는 회사의 성장을 넘어 삶의 가치를 높일 것이라는 믿음을 갖고 있습니다.

### 셋째, 나눔 경영의 미학

도시락 배달부터 학비 지원, 재난 지원까지 이웃을 돕는 일을 실천하며 기업의 사회적 책임을 충실히 이행하고 있습니다. 이렇게 혼자가 아니라 더불어 성장하는 MSD의 경영철학은 그 자체가 경쟁력이자 임직원들로 하여금 자부심을 느끼게 합니다. 저도 그 일원이 되어서 MSD의 가치를 공유하고 싶습니다.

---

이정우   여기에서 가장 이상하게 생각한 점은 지원동기는 없고 회사 칭찬만 있다는 것입니다. 회사의 장점을 여러 관점에서 칭찬을 많이 하셨는데 회사의 장점을 긍정적으로 평가하고 있다는 점이 지원동기가 될 수 있나요?

김장수   아진 씨 생각은 어때요?

🧑‍🦰 **김아진** 정우 씨의 지적이 타당하다고 생각합니다. MSD라는 회사가 좋은 회사이기 때문에 MSD에 가고 싶다는 식인데 이건 적절한 지원동기는 아닐 것 같아요. 그런데 지원동기를 정말로 뭐라고 해야 할지 모르겠어요. 솔직히 말해서 지원동기라는 것을 도대체 누가 가지고 있나요? 진짜 지원동기라면 이렇게 써야죠. 'MSD가 그래도 좀 알려진 기업이고 이 정도면 연봉도 나쁘지 않은 편이고 본사가 집에서 가까워서 지원합니다.' 그런데 이렇게 쓸 수는 없잖아요?

👨 **김장수** 맞아요. 그래서 지원동기가 적기 어려워요. 지원동기가 없거든요. 그런데 정말 드물게 지원동기가 있는 분도 있어요. 마치 그 회사에 가기 위해 지금까지 인생을 살아온 것 같은 그런 분들이 있긴 합니다. 그런 분들은 진심에서 우러나오는 지원동기를 적으시면 되겠지만, 대부분 취업준비생은 그렇지 않잖아요. 100개 기업에 지원해야 하는데 100개 기업에 모두 지원동기가 따로 있을 순 없거든요.

🧑‍🦰 **김아진** 인사 담당자가 이렇게 얘기하시니까 신기하네요. 그걸 알면서도 물어보는 거였군요.

👨 **김장수** 당연히 알고 있죠. 그런데 회사 입장에서 생각해봅시다. 아무리 역량이 훌륭한 지원자라고 하더라도 우리 회사에 전혀 관심이 없는 지원자가 합격하는 상황을 회사가 원할까요? 아니겠죠. 그런 지원자는 합격하더라도 언제든 퇴사할 수 있거든요. 그래서 지원동기를 통해 최소한의 회사 이해, 직무 이해, 입사 의지를 검증하려고 하는 겁니다.

자, 지원동기를 조금 더 세분화해볼게요. MSD의 HR 직무로 지원하는 지원동기는 (1) MSD라는 회사에 지원하는 '회사 지원동기'와 (2) HR직무에 지원하는 '직무 지원동기'로 나눠볼 수 있겠죠. 보통 기업에서 요구하는 지원동기는 이 둘을 다 의미해요. HR을 왜 하고자 하는지, 그리고 왜 하필 HR을 MSD에서 하겠다고 하는 것인지 써주세요. 이 말입니다. CJ의 최근 자기소개서 기출 문항을 보면 지원동기를 아예 (1) 회사 지원동기 (2) 직무 지원동기 (3) 제안 사항으로 구분해두었더군요.

🧑김아진 그렇군요. HR을 왜 하고자 하는지에 대해선 쓸 수 있을 것 같아요. 그런데 왜 하필 HR을 MSD에서 하고자 하는 것인지는 쓰기 어려울 것 같아요.

🧑김장수 직무 지원동기를 쓸 수 있다면 반은 한 겁니다. 한발 더 나아가 HR 직무를 다른 회사가 아닌 바로 MSD에서 하려는 이유가 회사 지원동기이고요. 회사 지원동기를 찾으려면 기업 분석을 해야 합니다. 이 직무를 이 회사에서 했을 때 어떤 지점에서 기여할 수 있을지를 찾는 과정이 기업 분석입니다.

🧑김아진 다시 정리해보면, 지원동기란 '직무 지원동기'와 '회사 지원동기'를 말하고, 회사 지원동기를 적기 위해선 기업 분석이 필요하다. 이 말씀이시죠?

**김장수** 맞아요. 그리고 여기서 한 단계만 더 나가볼게요. 좀 더 풀어서 자세히 설명해 드릴게요. "(A) 내가 이 직무를 왜 하려는 것이며, 이 직무를 잘하기 위해 어떤 준비가 되어있으며, (B) 또 그런 내가 왜 하필 당신 회사에서 이 직무를 하겠다고 하는 것이며, (C) 당신 회사에서 이 직무를 한다면 내가 무엇을 해줄 수 있다." 이것이 지원동기입니다. (A)과 (B)의 순서는 서로 바뀌어도 상관이 없어요. "(B) 당신 회사에서 내가 왜 일하려고 하는 것이며, (A) 당신 회사에서 왜 하필 이 직무를 하려는 것인지"가 되어도 상관없다는 말이죠.

**김아진** 무엇을 하겠다는 내용, 그러니깐 (C)의 내용까지 꼭 적어야 하나요?

**김장수** 꼭 적으셔야 합니다. (C : 제안 사항)가 (A : 직무 지원동기)와 (B : 회사 지원동기)의 결론에 해당하거든요. 회사 지원동기와 직무 지원동기의 접점에서 내가 기여할 수 있는 바(C : 제안 사항)를 찾으셔야 합니다. (A), (B), (C)가 모두 드러나도록 작성해주세요. 아래 논리 구조를 참고하셔서 다시 한 번 작성해보시기 바랍니다.

> **1. 논리구조(1)**
>
> 1) 서론 : 전체 내용 요약
>
> 2) 본론(B) : 회사의 사업 전략, 직무별 이슈
>
> 4) 본론(C) : 회사의 사업 전략 또는 직무별 이슈에서 본인이 기여할 점
>
> 5) 본론(A) : 내가 기여할 수 있는 근거(직무 역량)
>
> 6) 결론 : 전체 내용 재요약

> **2. 논리구조(2)**
>
> 　1) 서론 : 전체 내용 요약
>
> 　2) 본론(A) : 직무 지원동기, 직무 역량
>
> 　3) 본론(C) : 직무 역량을 통해 회사에 기여할 점
>
> 　4) 본론(B) : 내가 기여할 수 있는 근거(회사의 비전/사업, 직무별 이슈)
>
> 　5) 결론 : 전체 내용 재요약

 **김아진** 다시 수정해서 다음 주에 가지고 오도록 하겠습니다.

---

## 2-5　기업 분석은 회사 홈페이지, DART, 증권사 보고서, 신문기사, 현직자 인터뷰로

**김아진** 참, 질문 한 가지 있습니다. 지원동기를 잘 쓰기 위해선 기업 분석을 해야 한다고 말씀하셨는데요. 기업 분석은 어떻게 해야 하나요?

**김장수** 가장 기본적이고 쉬운 방법은 회사 홈페이지를 공부하는 방법입니다. 홈페이지를 통해 회사의 비전, 미션, 핵심가치 등을 확인하셔야 합니다. 사업 영역은 홈페이지에서 볼 수도 있지만, 더 자세한 건 상장사라면 DART(dart.fss.or.kr)에서 회사명을 검색한 후 사업보고서를 읽어보는 것이 좋습니다. 상장사라는 의미는 회사의 주식이 코스피 또는 코스닥 시장에 상장되어 있다는 의미입니다. 상장사들은 회사의 사업 내용이나 재무 상황, 영업 실적 등 기업의 내용을 투자자 등

이해 관계자에게 의무적으로 공시해야 합니다. 투자자뿐 아니라 구직자들도 이 공시자료를 통해 회사의 구체적 현황을 파악하는 것이 큰 도움이 됩니다. DART(dart.fss.or.kr) 화면을 한번 보면서 얘기해볼까요? 회사명에 <삼성전자>를 검색해보겠습니다. 검색 화면에 <삼성전자>를 입력하시고 하단의 '정기공시' 체크 후 '사업보고서', '반기보고서', '분기보고서'를 체크한 후 검색해주세요.

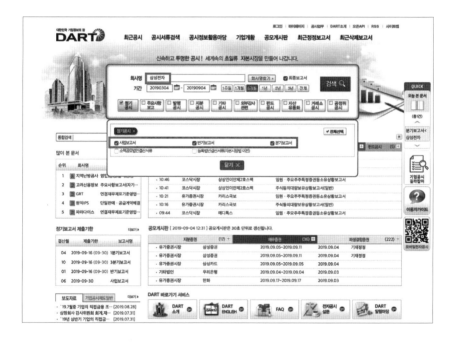

🧑 김장수  검색된 보고서 중에 가장 최근 보고서를 클릭해주세요.

🧑 김장수  이제 사업의 내용을 클릭하시면 됩니다.

🧑 김장수  여기서 사업의 현황과 특성, 대략적인 재무 상황, 시장경쟁 상황, 연

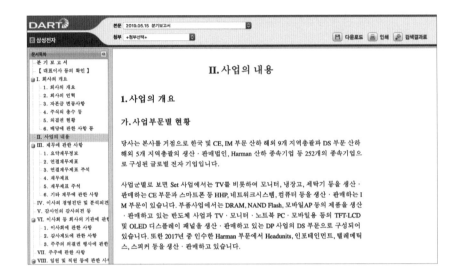

## II. 사업의 내용

### 1. 사업의 개요

**가. 사업부문별 현황**

당사는 본사를 거점으로 한국 및 CE, IM 부문 산하 해외 9개 지역총괄과 DS 부문 산하
해외 5개 지역총괄의 생산·판매법인, Harman 산하 종속기업 등 252개의 종속기업으
로 구성된 글로벌 전자 기업입니다.

사업군별로 보면 Set 사업에서는 TV를 비롯하여 모니터, 냉장고, 세탁기 등을 생산·
판매하는 CE 부문과 스마트폰 등 HHP, 네트워크시스템, 컴퓨터 등을 생산·판매하는 I
M 부문이 있습니다. 부품사업에서는 DRAM, NAND Flash, 모바일AP 등의 제품을 생산
·판매하고 있는 반도체 사업과 TV·모니터·노트북 PC·모바일용 등의 TFT-LCD
및 OLED 디스플레이 패널을 생산·판매하고 있는 DP 사업의 DS 부문으로 구성되어
있습니다. 또한 2017년 중 인수한 Harman 부문에서 Headunits, 인포테인먼트, 텔레메틱
스, 스피커 등을 생산·판매하고 있습니다.

구개발과제 등을 확인할 수 있습니다. 여기에 더해 최근 3개년 정도

기사를 확인해서 기업과 산업 트렌드도 익힐 필요가 있고요. 증권사

에서 발간한 기업리포트를 확인하는 방법도 권해드립니다. 한경컨센

서스(http://hkchttp://dart.fss.or.kr/onsensus.hankyung.com)를 이용하면 쉽게 리

포트를 찾을 수 있습니다.

**김아진** 만약 상장사가 아니라면요?

**김장수** 상장사가 아니더라도 경쟁사가 상장되어 있다면 경쟁사의 사업보고

서를 읽어봐도 됩니다. 경쟁사라면 업황과 사업의 내용이 크게 다르

지 않을 것입니다. 그리고 상장사건 비상장사건 최근 3년 치 기사 정

도는 챙겨봐야 합니다. 지금 회사가 어떤 이슈를 겪고 있는지, 특히

지원한 직무와 관련된 이슈가 있다면 더 꼼꼼히 보셔야죠. 그리고 제

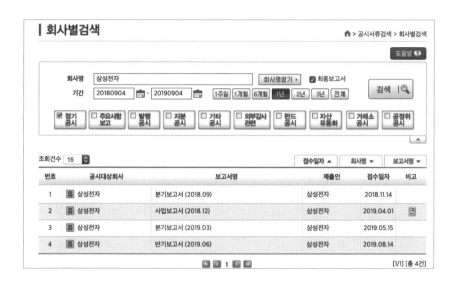

가 지금까지 알려드린 방법들보다 더 좋은 방법이 한 가지 있습니다.
뭘까요?

😊 김아진  현직자를 만나보는 것이죠?

😊 김장수  맞습니다. (웃음)

**2-6**  **[자기소개서] 지원동기에서 적은 What의 How를**

😊 김장수  이제 입사 후 포부에 대해 말씀드릴게요. 간단합니다. 지원동기를
통해서 무엇을 하겠다고 밝혔으면, 그 무엇을 어떻게 하겠다는 것
인지를 적으면 '입사 후 포부'가 됩니다. 즉, 지원동기에서 밝힌 제

안의 How(방법)가 입사 후 포부가 된다는 말이죠. 무슨 말인지 이해 가세요?

김아진 지원동기에 쓴 제안을 어떻게 실천할 것인지 구체적인 실천 계획을 적으면 입사 후 포부가 된다는 말씀인 거죠?

김장수 그렇습니다. 자, 그럼 아진 씨가 적은 입사 후 포부를 다시 한 번 보고, 정우 씨가 의견을 말씀해주시겠어요?

---

### 2. 입사 후 포부를 서술해주십시오.

'창의적 인재들이 모인 MSD'

저는 창의적인 환경개선과 기업의 가치전파를 통해 조직 성과를 향상하고 조직원들을 행복하게 하는 HR 전문가의 꿈을 가지고 있습니다. 첨단 화학 섬유, 소재 선도 기업 MSD에서 최고의 HR 전문성을 갖춘 HR specialist가 되고 싶습니다.

기업의 핵심은 사람입니다. 성공하는 기업을 위해서는 '제품을 최고로 만드는 것'을 넘어 '기업 임직원을 최고로 만드는 것'에 성공하여야 합니다. MSD는 이미 최고의 기술력을 가지고 있습니다. MSD의 구성원이 갖춘 능력을 최대한 발휘할 수 있도록 환경을 마련해 준다면 세계시장에서 First Mover가 되는 것은 시간문제라고 생각합니다.

인재를 양성하고 흩어져 있는 구성원의 능력을 모아서 MSD의 경쟁력으로 만들겠습니다. 또한, MSD의 핵심가치를 바탕으로 혁신적이고 균형 있는 기업문화를 구축하고, 성과향상과 조직원의 삶의 질 개선에 기여하는 핵심 인재가 되겠습니다.

취업 합격 확실한 행복

이정우 입사 후 포부가 MSD라는 회사하고는 크게 상관이 없다는 생각이 들었어요. 회사명과 회사에 대해 간단한 부연설명만 바꾸면 어느 회사의 자기소개서에서든지 쓸 수 있는 입사 후 포부 같다는 생각이 들었습니다. MSD라는 회사에 맞춤형으로 바꾸면 더 좋지 않을까 하는 생각을 해보았습니다.

김장수 잘 보셨습니다. 아진 씨가 쓰신 내용은 MSD라는 회사의 입사 후 포부라기보단 HR이 하는 일반적인 역할 서술에 가깝습니다. 기업 분석이 제대로 되지 않았기 때문에 지원동기가 불분명했고, 지원동기가 불분명했기 때문에 입사 후 포부도 불분명해진 것입니다. 입사 후 포부도 다시 한 번 작성하셔서 다음 주에 보는 걸로 하고요. 그다음 내용을 볼까요?

## 2-7 (자기소개서) 지원 직무에서 필요한 K.S.A를 드러낼 수 있는 경험을 쓰자

### 3. 무언가를 도전하여 성취한 경험에 관해 설명해주십시오.

'인생의 지표가 된 북경의 밤'

새로운 도전을 하고 싶어 1학년 겨울 방학, 중국 여행을 떠났습니다. 여행 중 독감에 걸려 입원을 하는 단계에 이르렀지만 티베트 고원을 가기 위해 건강을 회복하며 북경에서 머물렀습니다. 기침이 심해서 밖에 나갈 수가 없었기 때문에 1주일을 오로지 저를 위한 시간으로 사용했습니다. 이때 세운 목표와 사색들 덕분에 건강과 돈의 소중함을 깨달았고, 한국대학교, 러시아 국립인문대학교 교환학생, 강연회 주최와 참석, 15개국 배낭여행 등을 할 수 있었습니다. 여행을 다시 시작한 뒤 티베트 고원을 지나 네팔 국경을 향했습니다. 에베레스트 베이스캠프를 향한 걸음과 드넓게 펼쳐진 설원을 바라보는 것은 제게 새로운 모멘텀을 주었습니다. 실패해도 포기하지 않고, 두려워도 계획한 일을 끝까지 도전하는 지금의 제가 다시 태어났습니다. 의지만 있다면 무엇이든 해낼 수 있다고 생각합니다. MSD의 비전 2020 Goal을 함께 이루고 싶습니다.

이정우 중국 여행을 비롯한 다양한 활동을 많이 하셨다는 건 알겠는데…. 너무 많은 이야기를 해서 무슨 말을 하고 싶으신 건지 잘 모르겠어요.

김아진 질문이 '무언가를 도전하여 성취한 경험을 쓰시오.'라고 되어 있어서 도전했던 경험들을 모두 적어보았어요. 하나만 적기에는 제가 했던 다른 경험들이 너무 아깝더라고요. 더구나 HR과 직접 관련이 있는 경험이 없다 보니 다른 경험이라도 최대한 많이 적어보려고 했어요.

김장수 아까 역량이 지식(K)과 기술(S)과 태도(A)로 세분된다고 말씀드린 적이 있죠? 자기소개서를 통해 인사 담당자나 면접관이 알고 싶은 건 '직무에 적합한 K.S.A를 갖추고 있는가?'라는 것도요. 어떤 문항이든지 다 마찬가지입니다. 갈등을 해결한 경험을 물었든, 도전 경험을 물었든, 성격의 장단점을 물었든 모두 이 K.S.A 관점에서 접근하셔야

취업 합격 확실한 행복

해요. 이 문항처럼 도전 경험을 물었다면 아진 씨가 과거에 무언가에 도전했던 경험 중에 가장 HR에서 필요한 지식, 기술, 태도를 자주 보여줄 수 있는 경험을 말씀해주셔야 합니다. 가장 좋은 소재는 지식과 기술, 태도를 모두 보여줄 수 있는 경험이고 가장 나쁜 소재는 셋 중에 어느 하나도 명확히 드러내지 못하는 경험이겠죠. 적은 내용은 HR의 지식, 기술, 태도 중 어느 것과도 전혀 관련이 없습니다. 돈과 시간의 소중함을 안 것이 HR의 태도와 관련 있다고 억지로 끼워 맞출 수는 있겠지만, 너무 비약이겠죠.

김아진 무슨 말인지 알 것 같습니다. 그리고 저는 여러 가지 경험들을 적었는데 1가지 경험만 임팩트 있게 적는 것이 더 좋을까요?

김장수 반드시 1가지 경험만 적어야 한다고 단정적으로 답변 드릴 수는 없을 것 같습니다. 글자 수 제한에 따라서 만약 1천자 이상이라면 많게는 3가지 경험을 적을 수도 있겠죠. 3가지 경험을 적더라도 논리적 일관성을 유지할 수 있고 직무의 K.S.A를 드러내는 경험들이라면 상관이 없습니다. 그리고 경험을 설명하실 땐 서술의 논리적 흐름은 STAR 기법을 따르는 것이 좋습니다. STAR 기법이라고 혹시 들어보셨나요?

김아진 아니요. 처음 들어봅니다.

김장수 STAR는 Situation(상황), Task(목표/과제), Action(임무/역할), Result(결과)

의 약자입니다. 즉, 상황-목표-역할-결과를 구조적으로 연결한 것인데요. STAR의 구조로 답변하면 체계적이고 논리적으로 답변할 수 있습니다. 자세한 건 스스로 공부해보시고 STAR 기법으로 다시 작성해보세요. 그리고 경험의 소재도 지원하시는 직무인 HR과 관련 있는 K.S.A를 더 보여줄 수 있는 소재를 고민해보시기 바랍니다.

김아진　알겠습니다. 다음 주에 보여드릴게요. 갑자기 궁금한 것이 하나 더 생각났습니다. 글자 수는 무조건 꽉 채우는 것이 좋나요?

김장수　글자 수는 되도록 최대한 채우는 것을 권장 드립니다. 채용 단계에서 문제로 삼는다면 문제가 될 수 있는 일은 되도록 안 하는 것이 좋겠죠. 간혹 보면 수천 자의 글자 수를 요구하거나 수십 문항에 대한 답변을 요구하는 기업도 있는데 이 경우엔 자기소개서에서 답변의 성실성도 보겠다는 의도가 있다고 봐야 합니다. 같은 자기소개서로 여기저기 지원하는 지원자들은 걸러내겠다는 것이죠.

## 2-8　(자기소개서) 본문 이상으로 소제목이 중요하다

김장수　그리고 소제목에 대해 얘기해볼까 합니다. 지원동기 문항에서 아진 씨는 '오늘보다 내일이 더 기대되는 기업 MSD'이라고 소제목을 적어주셨는데요, 나쁜 소제목은 아니지만, 인사 담당자의 눈길을 사로잡을 만한 소제목은 아닌 것 같아요. 물론 내용을 다시 쓰실 것이기 때문에 이 내용의 소제목을 다시 만들어 보는 건 의미가 없을 것 같고 요. 자기소개서 다시 쓰실 때 소제목도 전부 다시 바꿔보세요. 인사 담당자의 눈길을 사로잡을 수 있도록요.

김아진　어떻게 소제목을 만들어야 인사 담당자의 눈길을 사로잡을 수 있을 까요?

김장수　먼저 제가 소제목을 강조하는 이유부터 설명을 드려야 할 것 같은데 요. 인사 담당자들이 자기소개서를 전부 다 읽을까요?

김아진　다 읽지 않을까요? 우리 학교에 채용설명회로 왔던 인사 담당자들도 자기소개서는 전부 다 읽는다고 하더라고요.

김장수　그분들은 자기소개서를 읽지 않는다고 말할 수가 없는 처지에 있잖 아요. 진짜일 수도 있지만 100% 신뢰하기는 힘들죠. 다 읽는 회사도 있고, 다 읽지 않는 회사도 있어요. 그런데 다 읽는 회사라고 하더라 도 엄청나게 많은 양의 자기소개서를 꼼꼼히 읽어볼 수는 없어요. 대 체로 자기소개서 하나를 보는데 3분을 넘기지는 않을 겁니다. 그래서 소제목이 중요한 겁니다. 왜냐하면, 아무리 훑어보더라도 소제목은 가장 위에 있고 본문과 떨어져 있기 때문에 눈에 띌 수밖에 없거든요. 소제목의 역할은 첫째, 본문을 읽게 하고 둘째, 본문의 가독성을 높이 는 것입니다. 이 두 가지의 역할을 하려면 ① 소제목이 본문의 핵심내 용을 암시해야 하고 ② 간결하고 명확한 표현이어야 합니다. 예를 하나 들어볼까요?

먼저 소제목이 없는 상태입니다. 소제목이 없는 본문은 선뜻 읽기 망설여지게 됩니다. 인터넷에 찾은 자기소개서 하나를 예를 들어 설명해볼게요. 아래 본문은 전체를 읽어야 주제를 파악할 수 있을 것 같은 느낌이 들지 않나요? 시간이 촉박한 인사 담당자에겐 부담스럽게 다가옵니다.

> 대학 졸업 후 10개월가량 홀로 아프리카, 아시아의 제 3세계 국가들을 여행했습니다. 저와 피부색, 언어가 다른 외국 사람들에게 이질감을 느꼈고 많은 위험 상황에 노출되기도 했습니다. (후략)

다음은 좋지 않은 소제목이 있는 자기소개서입니다. 없는 것보다는 낫지만, 소제목이 너무 추상적입니다. 본문을 읽고 싶게 만드는 힘이 떨어지죠. 심지어 인사 담당자가 지원자의 글쓰기 센스를 의심할 수도 있습니다. 매력적인 단어를 보고서에 적절히 녹여낼 수 있는 능력은 모든 직무 공통으로 직장인의 중요한 역량이거든요.

> **– 새로운 세상에 도전하다 –**
> 대학 졸업 후 10개월가량 홀로 아프리카, 아시아의 제 3세계 국가들을 여행했습니다. 저와 피부색, 언어가 다른 외국 사람들에게 이질감을 느꼈고 많은 위험 상황에 노출되기도 했습니다. (후략)

다음은 본문의 내용을 암시하고 주제를 직접 드러낸 소제목입니다. 소제목만 보더라도 본문에서 무슨 말을 하려는지 감을 잡을 수 있기 때문에 본문을 읽을 때 가독성을 높여줍니다. 그리고 본문의 내용을 궁금하게 만들 수도 있겠죠. 개인적으로는 소제목에 비유법을 과도하게 사용하거나 사자성어를 사용하는 것엔 반대합니다. 직관적으로 이해하기 어려운 비유법을 사용하여 인사 담당자가 이해하지 못한다면 자칫 독이 될 수도 있기 때문입니다.

> – 제 3세계 정복으로 시장 개척 첨병의 조건 완비(친화력, 도전정신, 언어능력) –
> 대학 졸업 후 10개월가량 홀로 아프리카, 아시아의 제 3세계 국가들을 여행했습니다. 저와 피부색, 언어가 다른 외국 사람들에게 이질감을 느꼈고 많은 위험 상황에 노출되기도 했습니다. (후략)

## 2-9  (자기소개서) 키워드 검색으로 소제목 고민 해결

김아진  혹시 매력적인 소제목을 만드는 팁 같은 건 없을까요?

김장수  소제목의 중요한 역할 중 하나가 본문을 읽고 싶게 만드는 것이라고 했잖아요? 인터넷 용어로 낚시라고 하죠. 낚시를 굉장히 잘해야 되는 직업군이 있어요. 누구죠?

김아진  혹시 기자인가요?

김장수  오, 맞습니다. 기자들은 글쓰기를 생업으로 하시는 분들이기 때문에 아무래도 글쓰기 감각이 다른 직업군 사람들보다 뛰어나겠죠. 그리고 제목의 중요성이 무엇보다 중요한 걸 잘 아시는 분들이에요. 특히 포털 메인페이지에 노출되고 조회 수가 높으려면 제목이 좋아야겠죠. 그래서 기자들이 쓴 기사 제목을 참고하시면 소제목 작성에 도움이 될 거예요. 본문을 먼저 다 쓰고 난 후 핵심 키워드를 3개 정도 뽑아내서 그대로 포털 홈페이지에서 검색해보세요. 그러면 그 키워드를 조합한 기사 글들이 나올 겁니다. 그 글들을 한 번 참고해보세요. 원하시는 소제목이 만들어질 수 있을 겁니다.

김아진   괜찮은 아이디어네요!

김장수   방금 보여드린 예시 자기소개서에서 주요 키워드인 '언어능력'과 '친화력'을 한 번 녹색창에 검색해볼까요? 어때요, 영감이 떠오르지 않으시나요?

주요능력효능감검사 | 진로정보망 커리어넷
http://www.career.go.kr/cnet/front/examen/effectReportPopupF.do?QESTNR.... ▼
이름 (여자) 나이식별번호 11845111 소속 1학년 검사일 2013년 10월 29일 높음 보통 낮음 신체 · 운동 능력 4
2 공간 · 지각 능력 61 음악능력 56 창의력 43 언어능력 45 수리 · 논리력 36 자기성찰 능력 37 대인관계 능력
43 자연 친화력 48 주요능력 정의 원점수...
진로정보망 커리어넷

<나 혼자 산다> '친화력 갑' 헨리, 한강 비둘기도 친구로 만드는 능력! - M...
http://enews.imbc.com/Tpl/View/221232 ▼
또한, 맞은 편 의자에 앉은 비둘기에게 비둘기 연애(?)를 사용해, 비둘기조차 친구로 만들어버리는 '친화력
갑'의 모습을... <나 혼자 산다> '친화력 갑' 헨리, 한강 비둘기도 친구로 만드는 능력! 주소복사 | 스크랩 등
록신청 > 관련 기사 <나 혼자 산다> 헨리...
MBC 연예

중고생, 창의력 언어능력 등 낮아져 - EBS 중학사이트
https://mid.ebs.co.kr/book/edu/ebsnews/view?encodingSeq=3108737 ▼
[리포트] 한국직업능력개발원이 2001년부터 2010년까지 적성검사에 참여한 중3학생 12만 7천여 명과 고2 학
생 4만 7천여 명의 응답을 분석한 결과, 남녀 중고생 모두 10년 전에 비해 자연친화력과 창의력, 언어능력과
자기성찰 능력은...
2012. 05. 15.

■ 2017학년도 대학수학능력시험 6월 모의평가 문제지
http://www.suneung.re.kr/boardCnts/fileDown.do?fileSeq=8acbcc0392a062d....
그래프에는 연예적 기능과 조형적 기능이 있는데요. 그 각각을 ④ 청중이 희망하는 직업들의 특징을 서로 대비
합으로써 강연, 설명 기능이 필요할 것 같고, 해설 대상인 초등학생과의 친화력도 중요할 거야. 이런 점을 어
떻게 드러낼 수 있을까? 동생: 음;...
대학수학능력시험

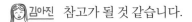 참고가 될 것 같습니다.

## 2-10 (자기소개서) 두괄식으로 쓰지 않으면 면접관의 현기증 유발

김장수 소제목과 마찬가지 맥락에서 강조 드리고 싶은 건 바로 두괄식으로 본문을 작성하셔야 한다는 것입니다. 두괄식으로 본문을 작성해야 하는 이유는 소제목이 매력적이어야 하는 이유와 같습니다. ① 두괄식이어야 전체 내용을 미리 파악할 수 있어서 가독성을 높이고, ② 흥미를 유발하여 뒤의 본문까지 읽게 만들 수 있거든요. 또 한 가지 이유는 ③ 인사 담당자와 면접관들은 두괄식 구성에 매우 익숙해져 있기 때문입니다. 회사에서 실제로 사용되는 보고서 대부분은 두괄식으로 구성되어 있습니다. 사내 보고서를 통해 실무자는 본인이 의도한 바를 결론부터 명확히 전달할 필요가 있고, 관리자는 실무자의 의도를 정확하고 빠르게 파악해야 하니까요. 자기소개서도 마찬가지입니다. 지원자는 본인의 강점과 역량을 결론부터 명확히 전달하여 인사 담당자나 면접관이 쉽게 이해할 수 있도록 자기소개서를 작성하셔야 합니다. 이번에도 예를 한 번 들어보죠.

다음은 SW(소프트웨어) 직군의 자기소개서로 문항은 '해당 직무에 지원하기 위해 본인이 어떤 노력을 하였으며, 어떤 강점을 갖추고 있는지 설명해주십시오.'입니다. 다음 예시의 자기소개서는 '옛날 옛적으로' 시작하여 '오래오래 행복하게 살았습니다.'로 끝나는 전형적인 미괄식 구성입니다. 여러분은 예전에 수능 언어영역 비문학 문제

를 푸실 때 두괄식이 반가웠나요? 아니면 미괄식이 반가웠나요? 두
괄식이 반가웠죠. 빨리 주제를 파악할 수 있으니까요. 자기소개서도
마찬가지입니다. 아래처럼 미괄식으로 구성된 자기소개서는 결국 끝
까지 읽어야만 주제를 파악할 수 있기 때문에 인사 담당자가 선호하
는 구성이 아니죠.

---

대학교 2학년 때 산학연계로 인프라망 구축 프로젝트에 참여한 적이 있었습
니다. 업의 인프라망을 운영해보면 서버, 네트워크 분야를 더 깊이 있게 이
해할 수 있지 않을까 하여 Vmware와 GNS3를 연동해 기업의 본사와 지사
를 잇는 인프라망 프로젝트에 지원했습니다. (중략) **이처럼 직접 인프라망
구축과 운영에 참여하며 쌓은 서버/네트워크 지식과 노하우를 기반으로, 실
무에 조기전력화 되겠습니다.**

---

그럼 본 글의 가장 마지막에 있던 주제 문장만 제일 앞으로 옮겨 보
겠습니다.

---

**직접 인프라망 구축과 운영에 참여하며 쌓은 서버/네트워크 지식과 노하우
를 기반으로, 실무에 조기전력화 되겠습니다.**
서버/네트워크 구축 실무 경험을 쌓고자 산학연계 프로그램에 지원하여 인
프라망 구축 프로젝트에 참여했습니다. 업의 인프라망을 운영해보면 서
버, 네트워크 분야를 더 깊이 있게 이해할 수 있지 않을까 하여 Vmware와
GNS3를 연동해 기업의 본사와 지사를 잇는 인프라망 프로젝트를 해보았습
니다.

---

문장의 순서만 바꿨을 뿐인데 글을 읽기가 한층 쉬워졌습니다. 두

괄식으로 주장을 제일 먼저 배치하여 전체 내용을 주제를 먼저 제시했기 때문입니다.

김아진  그렇게 말씀하시니 더 쉽게 이해가 되네요. 언어영역을 풀 때 수험생들은 첫 줄에 주제가 드러나 있지 않으면 혹시 미괄식 구성인가하고 중간 내용은 스킵하고 마지막 문단부터 살펴보는데 인사 담당자는 그럴 시간도 없겠죠. 무조건 두괄식으로 주제부터 적어야겠군요.

김장수  맞습니다. 인사 담당자나 면접관들은 회사 안에서는 두괄식의 문서들만 보시던 분들입니다. 그런 분들이 보실 글이란 걸 명심해야 합니다.

김아진  아하, 그렇군요. 매력적인 소제목과 두괄식 구성이 매우 중요하다는 점 잘 알겠습니다.

김장수  만약 성격의 장단점을 묻는 문항이라면 첫 문장을 어떻게 시작해야 할까요?

김아진  저의 성격상 강점은 A이고 약점은 B입니다. 이렇게 하면 되는 거죠?

김장수  맞아요. 그럼 '창의적 아이디어로 문제를 해결한 경험'을 묻는다면요?

김아진  A라는 아이디어로 B라는 문제를 해결한 경험이 있습니다. 이렇게죠?

**김장수** 잘하셨습니다. 이번엔 '성장 과정'을 묻는다면요?

**김아진** 글쎄요, 이건 잘 모르겠습니다. 성장 과정은 사건의 시간순대로 적을 수밖에 없지 않을까요?

**김장수** 사건을 시간순대로 적되, 각 사건을 통해 드러내고자 하는 본인의 가치관 또는 태도를 한 가지 꼽을 수 있겠죠. 그것으로 시작하는 것 입니다.

**김아진** 그렇다면, "저는 A라는 가치를 추구해왔습니다." 이렇게 시작하면 된 다는 거죠?

**김장수** 그렇습니다. 그리고 A라는 가치는 회사의 인재상과 지원한 직무에 서 요구하는 태도(Attitude) 역량를 반영하는 것이 좋습니다. 예컨대 지 원한 회사의 인재상이 '도전적 인재'라면 본인이 삶에서 '도전'이라는 가치를 실천한 소재를 2~3가지를 소개하는 것입니다. 그중 하나 정 도는 직무와 관련된 '도전' 사례를 적음으로써 직무 적합성을 함께 보 여주는 것도 좋습니다.

**김아진** 아하, 알겠습니다.

**김장수** 정우 씨는 자기소개서라는 걸 아마 처음 보셨을 텐데, 감이 좀 잡히시 나요? 지금 준비가 되어 있으시면 나중에 하고 싶은 대외활동 프로그램에 지원할 때나 인턴사원에 지원할 때 남들보다 더 멋있는 자기소개서를 쓰실 수 있을 겁니다. 요즘엔 심지어 동아리도 인기 있는 곳은 이력서를 제출하고 면접도 봐야 한다면서요? 그래서 자기소개서도 미리미리 써보시면 도움이 돼요. 남들이 아직 준비가 덜 됐을 땐 조금만 준비가 더 되어 있으면 기회가 오거든요. 그리고 오늘 아진 씨 자기소개서를 같이 한 번 보셨는데 혹시 소감 같은 게 있을까요?

이정우   우선 제가 아무것도 모르는 주제에 피드백을 드리는 게 상당히 민망했어요.

김아진   아니에요. 날카로운 지적이셨고 다 맞는 말씀이셔서 저에게 도움이 되었어요.

이정우   제가 직접 쓰면 아마 더 못 썼을 겁니다.

김장수   작성자는 본인이 썼기 때문에 알기 어려운 문제점을 다른 사람이 보면 쉽게 볼 수 있어요. 그래서 자기소개서를 다 쓰고 나면 같이 취업을 준비하는 지인들과 공유하며 서로 피드백을 해주는 것도 아주 좋은 방법입니다. 인사 담당자가 아니더라도 제 삼자가 보면 객관적 시선에서 자기소개서를 평가할 수 있거든요. 너무 부끄러워하지 마시고요.

김아진   이번에 자기소개서 다시 한 번 써보고 대리님께 보여드리기 전에 제 친구들 의견도 한 번 받아볼게요.

👩 김아진　자기소개서를 잘 쓰기 위해 알아야 할 것들이 더 없을까요?

👨 김장수　제가 자기소개서를 검토할 때 자주 봤던 실수들을 말씀드리고 싶은
데요. 첫 번째는 맞춤법을 틀리거나 회사명을 잘못 적는 경우예요.

👩 김아진　부끄럽지만, 저도 회사명 잘못 적어서 낸 적이 있어요. 당연히 떨어
졌죠.

👨 김장수　자기소개서를 읽지 않은 것이 아니라면 회사명을 잘못 적으면 떨어
트릴 수밖에 없죠. '복사해서 붙여넣기' 했다는 확실한 증거잖아요.
맞춤법도 마찬가지예요. 요즘에는 인터넷에서 간단히 맞춤법 검사기
로 검색해서 들어간 다음에 복사, 붙여넣기만 해도 맞춤법을 싹 다 고
쳐주는데 그것마저 안 했다는 건 성의가 없다고밖에 볼 수 없습니다.
두 번째로 말씀드리고 싶은 건 자기소개서는 수필이 아니라는 겁니
다. 문체도 신경 쓰셔야 합니다.

👩 김아진　문체요?

👨 김장수　아진 씨의 자기소개서는 그렇지 않지만, 자기소개서를 마치 수필처
럼 적으시는 분들이 있어요. 예를 들면 이런 거죠. "막막하기만 했던
프로젝트를 성공적으로 끝내고 나니 기분이 하늘을 날듯이 무척 좋

았고, 짜릿한 성취감까지 느낄 수 있었습니다." 이런 문체는 자기소개서보다는 일기장에 어울리죠. 자기소개서는 사적인 일기나 편지 글이 아니라 공적인 문서거든요. 필요할 말만 간결하고 명확하게 하는 것이 좋습니다. 글자 수 제한까지 있는데 불필요한 미사여구로 지면을 낭비할 필요는 없어요. 그리고 문장이 주술 호응하고 있는지도 신경 쓰셔야 합니다. 주술 호응이 되지 않은 문장은 의도를 왜곡할 수 있으며 가독성을 떨어트리기 때문입니다. 또 글쓰기 자체가 회사에서 무슨 직무를 하든지 굉장히 중요한 역량이기 때문에 좋은 문장력을 보여줄 필요가 있어요.

**김아진** 하긴 자기소개서도 글쓰기니까요. 글을 잘 써야겠네요. 너무 당연한 얘긴가요?

**김장수** 그렇죠.

**이정우** 그럼 글쓰기를 잘하지 못하면 첨삭이라도 받아야 하나요?

**김장수** 첨삭으로 한두 건의 자기소개서는 해결할 수 있겠지만, 한두 기업에만 지원할 건 아니잖아요. 그리고 입사 후 회사에서 일할 때도 본인이 하고 싶은 말을 명확히 전달할 수 있는 글쓰기 역량은 매우 중요하므로 평소에 꾸준히 글쓰기 역량을 기르시는 것이 좋습니다. 정우 씨는 아직 시간이 많잖아요. 평소에 다양한 분야의 책을 많이 읽으시면서 생각의 깊이도 쌓고 문장력도 키우시길 바랍니다. 그리고 단순히 많이 읽기만 해서는 문장력이 나아지는 것이 아니므로 글쓰기도 꾸준히 하시는 편이 좋습니다. 과제 하실 때도 인터넷에서 그냥 '복사', '붙여넣기'를 할 것이 아니라 한 문장을 쓰더라도 자신의 문장으로 쓰셔야 합니다.

## 2-12 (자기소개서) 취업준비생들이 자주 하는 실수 : 변명 · 비난 · 후회

김아진  혹시 내용 측면에서 말씀해주실 건 없으실까요, 자기소개서 소재로 이런 건 쓰지 마라 이런 게 있을 것 같아서요.

김장수  좋은 질문입니다. 질문을 안 주셨더라도 얘기를 하려고 했던 내용인데요. 회사가 싫어할만한 표현이나 소재들이 있습니다. 면접관들은 지원자들의 답변을 듣고 지원자가 10년 후, 20년 후 회사에서 일하는 모습을 상상해본다고 한 적이 있었는데요, 제가 말씀드릴 이런 표현들을 하면 아마 면접관의 상상 속에서 그 지원자는 일을 잘못하고 있을 겁니다. 3가지를 말씀드릴 거예요. 변명, 비난, 후회 이렇게 3가지요. 지금 두 분 표정이 에이 그건 너무 당연한 거 아닌 가요라고 생각하시는 것 같은데요.

김아진  앗 들켰나요. 변명, 비난, 후회를 누가 자기소개서나 면접에서 할까 싶어서요.

😊김장수 그 당연한 걸 너무 많은 지원자가 한답니다. 물론 면접장에서 직접적인 표현으로 어떤 경험을 후회한다거나 누군가를 비난하는 사람은 없죠. 그런데 문맥상 결국 변명, 비난, 후회 될 수 있는 말들은 굉장히 많이 한답니다. 하나씩 먼저 볼까요?

## 2-13 (자기소개서) 취업준비생들이 자주 하는 실수 : 변명하기

😊김장수 먼저 변명부터 생각해보죠. 누군가가 이런 내용을 자기소개서에 썼다고 해봅시다.

> 비록 경제적 이유로 아르바이트와 학업을 병행하느라 좋은 학점을 얻지는 못했지만, 반도체 엔지니어로서 필요한 지식과 역량을 갖추기 위해 시간을 쪼개 학부 연구원으로 연구실 프로젝트에 참여했습니다. 이 프로젝트의 목표는…. (후략)

지원자는 이력서에 적힌 본인의 낮은 학점에 대해 어떻게든 설명하고 싶었겠지만, 굳이 묻지도 않았는데 학점이 낮다는 사실을 다시한 번 상기시켰을 뿐만 아니라 본인의 과거 선택이나 경험을 후회하고 있다는 뉘앙스를 면접관에게 주고 있습니다. 회사가 찾는 인재는 과거 잘못된 선택이나 실패를 후회하는 사람이 아니라 어떤 실패 경험으로부터 무언가를 배우고 발전할 수 있는 인재임을 기억해야 합니다.

김아진 그러면 이렇게 고치면 어떨까요? 같은 말이긴 한데요.

> 경제적 사정으로 아르바이트를 학업과 병행하는 중에도 반도체 엔지니어로
> 서 필요한 지식과 역량을 쌓기 위해 더 시간을 쪼개어 연구실에서 A 프로젝
> 트에 참여했습니다. 이 프로젝트의 목표는…. (후략)

김장수 좋습니다. 제가 처음에 제시해드린 내용과 아진 씨가 고친 내용은 따지고 보면 같은 내용입니다. 그러나 인사 담당자는 전혀 다르게 받아들이겠죠. 같은 경험을 했더라도 그 경험을 어떤 태도로 대했느냐가 중요합니다. '낮은 학점을 만회하기 위해 연구실 프로젝트에 참여한 인재'와 '아르바이트와 학업을 병행해야 하지만 연구실 프로젝트에도 참여한 인재'는 전혀 다른 인재겠지요.

이정우 아 다르고 어 다르다는 말이 딱 적절한 상황이네요.

김장수 네, 조금 부족한 점이 있다고 하여 변명하기보다는 다른 강점을 더욱 부각시키시길 바랍니다.

## 2-14 (자기소개서) 취업준비생들이 자주 하는 실수 : 비난하기

김장수 이제 '비난'에 대해 얘기해보죠. 다음엔 제가 자주 보는 자기소개서 내용인데요, '갈등을 해소하고 성과를 낸 경험에 관해 얘기해보세요.'

에 대한 답입니다.

> 참여 의지가 떨어지는 팀원을 설득하여 끝까지 프로젝트를 마치고 성과를 낸 경험이 있습니다. "A 식품 마케팅전략 수립" 프로젝트 진행 당시 한 타과생이 조모임에 여러 차례 불참하는 등 참여율이 지나치게 떨어졌습니다. 다른 팀원들은 그 팀원을 교수님께 말씀드려서 제외하라고 했지만, 팀장이었던 제가 조금 더 많은 시간을 투자하여 그 팀원의 역할까지 수행했습니다. 결과적으로 성공적으로 프로젝트를 마칠 수가 있었습니다.

🧑‍🦰 **김장수** 이번엔 정우 씨가 이 자기소개서가 어떤 문제가 있는지 말씀해보시겠어요?

🧑 **이정우** 글쎄요, 싫다는데 억지로 시킬 수도 없으니 솔선수범해서 일 처리하는 자세는 나쁘지 않은 것 같은데요?

🧑‍🦰 **김장수** 그럴까요? 우리도 면접관들처럼 이 지원자의 10년 후 모습을 상상해볼까요? 지원자가 속해 있는 팀에서 한 팀원이 추진 중인 프로젝트에 적극적으로 참여하지 않을 때 이 지원자는 같은 방법으로 문제를 해결할 확률이 높을 겁니다. 그 팀원이 해야 하는 일까지 본인이 껴안고 해결하는 식으로요. 이것으로 문제가 해결될까요?

🧑 **이정우** 아니요. 이 경우라면 좀 다를 것 같아요. 학교 프로젝트는 한 번 하고 나면 끝이니깐 그 프로젝트만 끝내면 되지만 회사 팀원은 앞으로도

계속 같이 일해야 할 사이잖아요. 프로젝트 하나는 여차여차 넘긴다고 치더라도 계속 문제 상황이 반복될 것 같아요.

**김장수** 정확히 보셨어요. 회사는 채용이라는 검증 절차를 마친 인재들이 모여서 함께 일하는 공간입니다. 업무 스타일이 담당자마다 다를 수 있고, 모든 개인이 항상 최고의 생산성을 유지할 수도 없습니다. 업무 스타일이 다르고 당장 퍼포먼스가 차이가 난다고 해서 업무에서 배제하는 건 옳지 못한 태도죠. 회사는 적어도 동료 직원 누구와도 함께 시너지를 만들 수 있는 인재를 찾습니다. 그럼 조금 전 자기소개서가 어떤 문제가 있는지 아시겠지요?

**이정우** 팀원의 참여율이 떨어진다고 하여 그 팀원의 역할까지 본인이 하는 것 보다는 그 팀원의 참여율을 어떻게 올릴지를 먼저 고민하는 모습을 회사는 원할 것 같아요.

**김장수** 맞습니다. 어떤 문제 상황이 발생했을 때 그 문제의 원인을 특정 개인에게 돌리는 태도는 바람직하지 못합니다. 그 상황이 왜 발생했는지 원인을 진단하여 근본 원인을 해결하는 것이 좋겠죠. 참여율이 떨어지는 팀원이 있다면 그 팀원이 왜 참여율이 떨어지는지 먼저 알아보는 것이 좋았겠죠. 타과생이라서 수업 적응에 어려움을 겪고 있을 수도 있고, 조모임 시간에 다른 중요한 스케줄이 있었을 수도 있잖아요.

**이정우** 문제 상황의 원인이 전적으로 한 개인에게 있을 때도 있잖아요. 세

취업 합격 확실한 행복

상엔 정말 다양한 사람들이 있으니까요. 그럴 땐 어떻게 적어야 할까요?

🤓김장수 만약 그 문제 상황의 원인이 절대적으로 한 개인에게 있다고 생각한다면 자기소개서에 쓸 소재로는 적절하지 않은 겁니다.

😀이정우 아…. 그냥 안 적으면 되는군요.

🤓김장수 네, 거짓말을 하는 건 가장 좋지 않으니까요. 정말 개인에게 문제가 있었던 일이라면 억지로 지어내기보단 아예 소재로 적지 않는 게 좋겠죠. 그다음은 '후회'에 대해 알아보겠습니다.

## 2-15 (자기소개서) 취업준비생들이 자주 하는 실수 : 후회하기

🤓김장수 누군가가 이런 내용을 자기소개서에 적었다고 해봅시다. 인사 담당자가 어떤 인상을 받을까요?

> 저는 대학교 3학년 때까지 연극을 했습니다만 연극이 저와 잘 맞지 않는다는 것을 깨닫고 경영학과를 부전공하면서 영업 직무를 하기 위한 준비를 해왔습니다.

😀이정우 솔직한 글이긴 한데, 굳이 연극이 안 맞았다고 할 필요는 없었을 것

같아요.

🧑‍🦲 김장수   그렇죠. 이렇게 바꿔보면 어떨까요?

> 연극을 전공했기 때문에 영업 담당자로서 저는 3가지 강점을 갖추고 있습니다. 첫째, 연기의 기본은 스피치입니다. 저는 고객을 설득할 수 있는 스피치 역량을 갖추고 있습니다. 둘째, 관객과 눈을 맞추며 울고 웃었습니다. 고객의 니즈(요구)를 캐치하는 예민한 직관성을 갖추고 있습니다. 셋째, 준비한 연극을 홍보하기 위한 마케팅과 영업 활동을 계속 해왔습니다. 실무에 가까운 영업 경험을 한 기회였습니다.

🙂 이정우   연극을 했다는 사실을 약점으로 포지셔닝하지 말고 강점으로 포지셔닝하라! 이 말이죠?

🧑‍🦲 김장수   맞습니다. 잘 정리해주셨네요. 프레이밍효과로도 생각할 수 있어요. 프레이밍효과란 질문이나 문제 제시 방법(틀)에 따라 사람들의 선택이나 판단이 달라지는 현상을 말해요. 특정 사안을 어떤 시각으로 제시하느냐에 따라 받아들이는 사람의 판단이 달라질 수 있다는 거죠. 연극을 했던 과거 경험을 약점으로 스스로 포지셔닝 해버리면 면접관도 그 경험을 약점으로 받아들일 가능성이 높아지겠죠. 그래서 진로를 중간에 바꿨다거나, 전공과 다른 직무에 지원할 때 과거의 선택을 후회한다는 식의 뉘앙스를 줄 수 있는 답변은 하지 않는 것이 좋습니다. 이제 자기소개서 관련해서 제가 두 분께 말씀드리려고 생각했

던 건 다 말씀드렸는데 혹시 더 궁금하신 것 있을까요?

## 2-16 (자기소개서) 성격의 장단점

**김아진** 이건 사소한 것일 수도 있는데요. 자기소개서에서 성격의 장단점을 물어볼 때가 있잖아요. 장점은 쉽게 적겠는데 단점을 어떻게 적어야 할지 모르겠어요. 진짜 단점을 적을 수도 없고요.

**김장수** 정기고·소유의 '썸'이라는 노래의 가사 아시죠? "내꺼인 듯 내꺼 아닌 내꺼 같은 너…." 성격의 단점은 이렇게 적으시면 되요. "단점인 듯 단점 아닌 단점 같은 장점", 즉 진짜 단점을 적으시면 안 된다는 말이에요.

**김아진** 어떤 게 진짜 단점일까요?

**김장수** 직무에 나쁜 영향을 줄 수 있는 성격상 단점은 치명적인 단점이 됩니다. 재경 직무에 지원하시는 분이 성격이 급하거나 꼼꼼하지 못하면 안 되겠죠.

**김아진** 그럼 단점 같은 장점이라면 어떤 걸까요?

**김장수** 어떤 직무에서는 단점이지만 지원한 직무에 따라서 장점이 될 수 있는 성격이라면 되겠죠. 꼼꼼한 완벽주의형 성격은 다른 직무라면 단점이 될 수도 있지만, 재경 직무에선 강점이 될 수도 있을 겁니다. 반대로 급한 성격은 재경 직무처럼 꼼꼼함이 필요한 직무에선 단점이 될 수도 있지만 강한 추진력이 필요한 직무, 예컨대 영업 직무에선 표현하기에 따라 강점으로 설명할 수도 있습니다. 제가 말씀드린 건 어디까지나 예시일 뿐이고요. 성격은 개개인이 모두 다르니까요. 지원한 직무에 나쁜 영향을 주지 않으면서, 동전의 양면처럼 활용하기에 따라 강점으로 발현될 수 있는 성격이 자기소개서에 소개하기에 적절한 단점입니다.

🧑‍🦰 **김아진** 저는 HR에 지원하는데 어떤 성격을 적어야 할까요?

😎 **김장수** 하하. 본인의 성격을 제게 물어보시면 답을 드리기 어렵죠. 한 번 고민해보세요. 그럼 자기소개서 새로 쓰실 때 성격의 단점도 같이 적어주세요. 장점은 안 적어오셔도 돼요.

🧑‍🦰 **김아진** 네, 알겠습니다.

😎 **김장수** 정우 씨는 영업 또는 재경으로 희망 직무 범위를 좁혀놓으신 것 같은데 각 직무의 현업 담당자와 만나서 멘토링하기를 숙제로 드릴게요. 다음 주에 한 명, 그다음 주에 또 한 명이요. 혹시 현업 담당자를 찾을 수 없으면 연락해주세요. 제가 우리 회사 담당 직원을 한 분 소개해드릴게요.

# # 멘토 김장수 # 두 번째 만남을 마치고

두 번째 모임은 자기소개서 위주로 진행했다. 현업에서 자기소개서를 검토해보면 잘 쓴 자기소개서를 구분해내는 데에 그다지 긴 시간이 걸리지 않는다. 대부분 자기소개서의 내용이 비슷비슷하기 때문이다. 모두가 다른 사람인데 어쩌면 그렇게 다들 비슷한 경험을 했고, 비슷한 역량을 갖추었다고 주장하는지 신기할 정도다. 그래서 잘 쓴 자기소개서는 쉽게 눈에 띈다. 내가 생각하는 잘 쓴 자기소개서의 특징은 다음과 같다.

## 1. 묻는 말에 명확히 답한다.

▶ 묻는 말에 답하는 것이 당연할 것 같지만, 동문서답형 자기소개서가 뜻밖에로 많다. 이는 ▲질문의 의도를 잘못 파악했거나, ▲질문의 의도를 파

악했더라도 다른 기업의 자기소개서에 적었던 내용을 복사, 붙여넣기 하면서 억지로 내용을 끼워 맞추었거나 ▲묻는 말에 답을 하고자 했지만, 문장력이 부족하여 잘못 표현한 경우가 있다. 이 같은 실수를 피하는 방법은 간단하다. 묻는 말에 두괄식으로 바로 답변하는 것이다. 예컨대 '본인의 직무상 강점은 무엇입니까?'라고 묻는다면, '저의 강점은 A, B, C입니다.'라고 시작하고, A, B, C에 대해 차례로 설명하는 것이다. 그런데 '성장 환경에 대해 서술하시오'의 경우가 두괄식으로 답변하기 어려운데 이 경우엔 '저는 성장 과정에서 A 가치를 가장 중요한 가치로 실현해왔습니다.'라는 식으로 시작하고 A 가치를 실현해온 본인의 경험을 나열하는 방법이 있다.

## ㄹ. <u>가독성이 좋다.</u>

▶ 가독성이 좋다는 건 문장이 쉽게 잘 쓰였다는 뜻이기 때문에 지원자가 하고자 하는 말을 빨리 명확히 이해할 수가 있다. 반면 가독성이 나쁜 글은 문장이 어렵거나 주술 호응이 되지 않아서 내용을 이해하기가 힘들다. 아무리 좋은 경험을 많이 했고, 뛰어난 역량을 보유했다고 하더라도 글을 이해할 수 없으면 인사 담당자가 알 수가 없다. 게다가 문장이 너무 나쁠 경우엔 과연 회사에서 일해낼 수 있겠느냐는 의심부터 든다. 어떤 직무든 보고서 작성은 기본이기 때문이다. 본인의 문장력이 부족하다고 생각되면 첨삭을 받는 것도 방법이지만 이는 임시 처방에 지나지 않는다. 모든 자기소개서를 지원할 때마다 일일이 첨삭 받을 수는 없기 때문이다. 게다가 취업만 하면 끝인가? 글쓰기는 회사에 입사하고 나서도 끝나지 않는다. 그냥

첨삭 받을 것이 아니라 첨삭을 통해 본인의 글쓰기에 어떤 문제점이 있는지를 확인하는 계기로 삼아야 한다. 시중에 '글쓰기'를 주제로 하는 책들도 아주 많으므로 필요할 경우 읽어보는 것도 권한다.

## 3. 직무에 대해 명확히 이해하고 있다.

▶ 직무를 명확히 이해하지 못하면, 자기소개서의 내용을 전개하기가 매우 어렵다. 그래서 결국 뻔한 형태의 자기소개서가 되고 마는 것이다. 지원한 직무가 하는 일이 무엇인지 명확히 알아야 지원동기가 진정성을 얻을 수 있고, 입사 후 포부가 뜬구름이 되지 않을 수 있고, 어떤 역량과 경험을 드러내야 할지 결정할 수 있다.

아진 씨의 자기소개서는 위의 특징 중 직무에 대한 이해가 떨어지는 것이 가장 큰 흠이었다. 아진 씨는 HR에 지원하고 있는데 학교 경영학 수업에서 배우는 HR의 역할에 대한 이해 정도로는 부족하다. 이론과 실무는 늘 차이가 있는 법이다. 그래서 희망 직무로 인턴십이나 단기 체험 등 직무를 간접 체험을 해보는 것이 중요하지만, 아진 씨처럼 관련 경험이 없을 경우엔 현직자와 만나서 인터뷰해보는 것도 직무를 이해하는 좋은 방법이다. 그래서 지금 이 멘토링이 아진 씨에게 분명 큰 도움이 될 것이다!

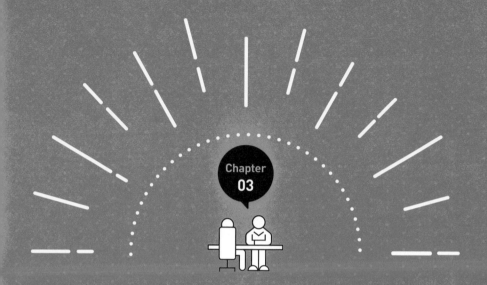

# 세 번째 만남

(자기소개서, 인 · 적성시험 대비, 직무 설정)

# # 2/1일 세 번째 만남

**3-1** **(자기소개서) 지원동기 = 회사 지원동기 + 직무 지원동기 + 제안점**

👨‍🦱 **김장수** 안녕하세요, 또 일주일 만에 뵙습니다. 한 주간 어떻게 지내셨어요?

👩 **김아진** 지금도 매일 취업포털 들어가서 오늘은 어떤 공고가 올라왔는지 체크하고 있어요. 특별히 마음에 드는 기업이 나타나진 않아서 원서를 쓰진 않았고요. 그 외에는 멘토님이 내주신 숙제를 했습니다. 자기소개서를 다시 써봤어요.

👨‍🦱 **김장수** 그렇군요. 정우 씨는요?

🧑 이정우 저는 대리님이 소개해주신 재무 담당자님을 뵙고 왔어요. 덕분에 많이 배웠어요.

🧑 김장수 어떤 얘기를 들으셨는지 궁금하네요. 먼저 아진 씨의 자기소개서부터 먼저 보고 정우 씨의 멘토링 이야기도 들어볼게요. 아진 씨 자기소개서 다시 써오셨죠?

👩 김아진 네, 자기소개서 다시 써왔어요. 이번에도 지원동기부터 보여드릴게요.

'업계 최고 인재들이 일하고 싶어 하는 기업, MSD'

MSD는 HR이 비즈니스의 전략적 파트너가 될 수 있음을 잘 보여준 기업입니다. 과거 경영 위기 때에 오히려 HR 투자를 확대했던 유명한 일화는 MSD에서 HR이 가지는 전략적 가치를 확인해주었고, 최근에는 주 52시간 제 법제화 논의 이전에 탄력근무제를 선제로 도입하여 HR 트렌드를 선도하는 모습을 보여줬습니다.

MSD가 대한민국 대표 섬유 기업의 위치를 굳건히 할 수 있었던 배경에는 이 같은 강력한 HR 역량이 뒷받침되었기 때문이라 생각합니다. 업계 선두 기업으로서 지속해서 경쟁력을 강화하기 위해서는 경쟁사 대비 인적 자본의 우위를 계속 확보해야 하며, 이를 위해서는 우수한 경력개발제도가 핵심이 될 것으로 생각합니다. 인사관리론, 인적자원개발론 등 전공과목을 통해 HR의 기본 이론을 학습한 후, 실무 적용 사례를 전문 잡지와 논문 등을 통해 찾아보았습니다. 이 과정에서 효과적인 경력개발 프로그램은 하나의 정해진 답이 있는 것이 아니라 기업의 경영전략에 부합해야 한다는 것을 알게 되었고, 입사 후 경영전략에 부합하는 경력개발제도를 만들겠다는 목표를 세웠습니다.

원가경쟁력 확보를 가장 중요한 사업 전략으로 삼고 있는 MSD는 특히 공정효율을 책임지는 엔지니어들을 업계 최고 전문가로 성장시키기 위한 엔지니어 경력개발제도가 필요하다고 생각합니다. 엔지니어를 위한 경력개발제도 개발을 통해 MSD가 각 직급 엔지니어들이 계속하여 성장의 기회를 발견할 수 있는 기업, 업계의 최고 엔지니어들이 가장 일하고 싶어 하는 기업이 되도록 기여겠습니다.

---

**김장수** 정우 씨, 지난번처럼 의견 주시겠어요?

**이정우** 지난번보다 훨씬 잘 쓰신 것 같아요. 딱히 문제점이 보이지 않습니다.

**김장수** 저도 칭찬 드리고 싶어요. 제가 말씀드렸던 대로 잘 수정하신 것 같아요. 지난 시간에 지원동기는 어떻게 적어야 한다고 했는지 기억나시죠? 한 번 복습해볼까요?

"(A) 내가 이 직무를 왜 하려는 것이며, 이 직무를 잘하기 위해 어떤 준비가 되어있으며, (B) 또 그런 내가 왜 하필 당신 회사에서 이 직무를 하겠다고 하는 것이며, (C) 당신 회사에서 이 직무를 한다면 내가 무엇을 해줄 수 있다." 이렇게 적어야 한다고 말씀드렸는데요, 하나씩 뜯어볼게요.

취업 합격 확실한 행복

**(A) 직무 지원동기** : 인사관리론, 인적자원개발론 등 전공과목을 통해 HR의 기본 이론을 학습한 후, 실무 적용 사례를 전문 잡지와 논문 등을 통해 찾아보았습니다. 이 과정에서 효과적인 경력개발 프로그램은 하나의 정해진 답이 있는 것이 아니라 기업의 경영전략에 부합해야 한다는 것을 알게 되었고, 입사 후 경영전략에 부합하는 경력개발제도를 만들겠다는 목표를 세웠습니다.

**(B) 회사 지원동기** : MSD는 HR이 비즈니스의 전략적 파트너가 될 수 있음을 잘 보여준 기업입니다. 과거 경영 위기 때에 오히려 HR 투자를 확대했던 유명한 일화는 MSD에서 HR이 가지는 전략적 가치를 확인해주었고, 최근에는 주 52시간 제 법제화 논의 이전에 탄력근무제를 선제로 도입하여 HR 트렌드를 선도하는 모습을 보여줬습니다.

**(C) 제안점** : 원가경쟁력 확보를 가장 중요한 사업 전략으로 삼고 있는 MSD는 특히 공정효율을 책임지는 엔지니어들을 업계 최고 전문가로 성장시키기 위한 엔지니어 경력개발제도가 필요하다고 생각합니다. 엔지니어를 위한 경력개발제도 개발을 통해 MSD가 각 직급 엔지니어들이 계속하여 성장의 기회를 발견할 수 있는 기업, 업계의 최고 엔지니어들이 가장 일하고 싶어 하는 기업이 되도록 기여겠습니다.

이렇게 크게 3부분으로 나누어지죠. 필요한 내용이 모두 들어가 있는 셈이죠. 아쉬운 건 직무 지원동기(A) 부분이 조금 약해요. HR을 하기 위해 준비하신 바가 실제로 거의 없으므로 적을 내용이 마땅치 않으셨던 것 같아요.

김아진 맞아요. 수업 내용밖에 적을 내용이 없더라고요.

김장수 네, 그렇게 느꼈습니다. 하지만 단순히 경험이 많다고 해서 HR이라는 직무에 대해 깊이 이해하는 건 아니니까요. 학교 수업을 통해서도 본인만의 인사이트를 만들 수 있었다면 좋은 평가를 받으실 수 있습니다. 그런 점에서 HR의 솔루션을 본인만의 관점으로 해석한 점이 매우 좋았습니다.

## 3-2 (자기소개서) 성격의 단점 적기 : '아' 다르고, '어' 다르다

김아진 그렇군요, 그리고 그다음은 처음 써본 성격의 단점 문항입니다. 말씀하신 대로 장점은 생략하고 단점에 대한 내용만 적었습니다.

> 저는 안정 지향적인 경향이 있습니다. 이는 새로운 일에 도전하고 발전할 가능성을 막는다고 생각했습니다. 도전정신을 기르기 위해 2015년 네팔 지진 피해복구 봉사활동에 참여했습니다. 심리치료팀에 소속되어 네팔 주민들의 심리적 안정을 도모하는 교육 프로그램 운영을 했습니다. 사전, 사후 설문조사를 통해 참여자들의 증상이 완화됨을 확인하며 성과를 입증할 수 있었습니다. 이러한 경험을 통해 도전정신을 기를 수 있었습니다.

김장수 이번에도 정우 씨 의견부터 들어볼게요.

이정우 뭐 나쁘지 않은 것 같은데요?

김장수 나쁘진 않아요. 안정 지향적 경향이 단점인 것 같아서 도전적인 경험을 해보았다는 내용이잖아요. 그런데 안정 지향적 경향은 HR 담당자에겐 장점이 될 수도 있는데 너무 극복의 대상으로만 포지셔닝 한 것이 아쉬워요.

이정우 지난번에 하셨던 말씀이 생각났어요. "지원한 직무에 나쁜 영향을 주지 않으면서, 동전의 양면처럼 활용하기에 따라 강점으로 발현될 수 있는 성격이 자기소개서에 적어야 할 단점이 무엇이 있을지 스스로 고민해보시면 될 것 같습니다."

김장수 맞아요. 이렇게 바꿔보시면 어떨까요? 제가 한번 고쳐볼게요. 잠시만요.

> 저는 안정 지향적인 경향이 있습니다. 이는 HR 담당자로서 균형 잡힌 판단이 필요할 때 강점이 된다고 생각합니다. 다만 때론 문제 해결을 위해 과감한 솔루션을 제시할 수도 있어야 한다고 생각합니다. 도전정신을 기르기 위해 2015년 네팔 지진 피해복구 봉사활동에 참여했습니다. (후략)

김아진 역시 아 다르고 어 다르다는 이야기이군요.

김장수 네, 그렇죠.

**(자기소개서) 입사 후 포부는 직업과 직무 이해를 기반으로**

👨‍🦱김장수  이번엔 입사 후 포부를 한 번 볼까요?

---

### 2. 입사 후 포부를 서술해주십시오.

HR을 통해 MSD를 업계 모든 인재가 일하고 싶은 기업으로 만들어가겠습니다.

이를 위해 입사 후 회사의 HR 제도를 이해하고, 전반적인 실무 프로세스를 빠르게 익히겠습니다. 사내 동호회 등에 참여하며 직원들과 대면 접촉을 늘리며 사내 네트워크를 형성하여 업무 소통을 원활히 하고, 직원들의 목소리를 HR에 반영해 나가겠습니다. 틈틈이 외부 HR 세미나 등을 통해 트랜드를 익히고 사내 적용 방안을 고민하겠습니다.

HR 관리자로 성장한 이후에는 경력개발제도를 고도화하겠습니다. 사전 단계로는 직무 분석, 요구 분석을 진행할 것이며 이 과정에서 그간 쌓은 HR 비결과 사내 네트워크를 적극적으로 활용하겠습니다. 고도화된 경력개발제도를 통해 MSD를 국내외 섬유 소재분야 인재들이 일하고 싶은 기업으로 만들겠습니다. 장기적으로는 경력개발제도를 포함해 업계 최고의 HR 체계를 구축하여 MSD의 HR이 하나의 브랜드로 알려지도록 만들겠습니다.

---

👨‍🦱김장수  마찬가지로 징우 씨 의견 먼지 들어볼게요.

🧑이정우  지난번에 입사 후 포부는 지원동기에게 밝힌 What의 How를 적는 것이다고 하셨잖아요. 아진 씨가 MSD를 인재들이 일하고 싶은 회사로

만들어가고 싶다고 했었는데 그 방법을 입사 후 포부에서 잘 밝히신 것 같아요.

김장수 제가 보기에도 입사 후 포부를 잘 정리하신 것 같습니다.

김아진 이번에 '입사 후 포부'를 다시 정리하면서 왜 대리님께서 '지원동기'를 명확히 적을 수 있으면 '입사 후 포부'는 쉽게 작성할 수 있다고 하셨는지 알게 되었습니다.

김장수 지원동기가 명확하다면 입사 후 내가 해야 할 일도 당연히 분명해지겠죠. 그런데 명확한 '지원동기'가 있으려면 먼저 직무 이해가 필요하다는 것도 이해하셨으리라 생각합니다. 직무 이해를 높이기 위해선 인턴으로 직접 근무를 해보는 것이 가장 좋아요. 그래서 아진 씨 경우에도 정규직과 인턴직 지원을 병행하다가 인턴을 할 기회가 된다면 우선 인턴부터 해보는 것도 좋은 방법이라 생각합니다.

## 3-4  자격증도 필요할까요

김아진 인턴 기회도 적극적으로 찾아봐야겠네요. 인턴십 말고 다른 직무 경험은 어떤 게 좋을까요? 자격증이 필요하지 않을까요? 주변 친구들을 보면 컴퓨터활용능력 자격증이나 한자 자격증, 국사 자격증 등을 많이 준비하던데 저도 준비해야 할까요?

🙂 **이정우** 저도 궁금했어요. 자격증을 좀 따두면 나중에 지원할 때 도움이 될 것 같은데 어떤 자격증을 취득해야 할지 모르겠어요.

😊 **김장수** 자격증은 아니지만 가장 중요한 건 학점이에요. 정우 씨 같은 경우엔 학점을 최대한 높게 받을 수 있도록 계속 노력하셔야 합니다. 다른 대외활동이나 자격증 취득 때문에 학점을 희생시켜서는 안 돼요. 회계사, 변리사, 세무사, 법무사, 노무사 등 전문직 자격증을 취득할 것이 아니라면 말이에요. 그런데 아진 씨처럼 졸업해서 이제 학점을 더 높일 수 없다면 다른 것에 집중하셔야죠. 이미 4학년까지 모두 마쳤다면 출신 대학과 학점은 이제는 바꿀 수 없는 것이잖아요. 그럼 할 수 있는 것에만 집중해야죠. 기본적으론 최대한 높은 영어 점수를 취득하시는 것이 좋습니다.

👩 **김아진** 영어 점수는 별로 중요하지 않고 실제 영어로 말할 수 있는 역량이 중요하다고 하시는 분도 있던데요?

😊 **김장수** 일을 할 때 당연히 그렇죠. 영어 점수가 일할 때 무슨 의미가 있겠어요. 실제로 영어를 잘 활용할 수 있는지가 중요하죠. 그런데 입사 지원 단계에선 영어 점수도 무시할 수가 없어요. 기업별로 가중치는 다르겠지만 대체로 영어 점수는 중요한 스펙으로 고려되거든요. 모든 자기소개서를 검토하는 인사 담당자도 있겠지만 많은 기업이 수많은 자기소개서를 모두 검토하는 것은 물리적으로 어렵기 때문에 일차적으로 '학점', '영어', '출신 대학' 등의 Qualification(퀄리피케이션, 자격, 능

력)으로 필터링을 하고 있습니다. 어떤 스펙을 더 중요하게 보는지는 기업, 직무마다 다르고요. 참고로 우리가 흔히 스펙이라 부르는 것의 정확한 표현은 Qualification입니다.

이정우　그럼 영어 점수는 몇 점 정도 받아두어야 할까요?

김장수　자주 받는 질문인데요, 그때마다 제가 드릴 수 있는 답변은 이것 한 가지뿐입니다. "높으면 높을수록 좋습니다." 기업마다 영어 점수를 어떻게 평가하는지 모두 달라서 딱 잘라 몇 점 이상 받아야 한다고 말할 수는 없는데 높으면 높을수록 좋다는 건 확실하죠. 그렇다고 토익 990점 만점을 받기 위해서 올인해야 된다 이런 말은 절대 아니에요. 처음 토익 공부를 시작할 땐 점수가 빠르게 올라가겠지만 일정 점수 이상이 되면 점수를 더 올리기가 쉽지 않을 거예요. 그럴 땐 본인의 시간의 가치를 잘 따져서 토익 점수 상승에 더 투자할지 아니면 다른 준비를 해야 할지 스스로 선택하셔야 합니다.

김아진　지금 할 수 있는 것과 할 수 없는 것을 구분해서 할 수 없는 건 생각하지 말고 할 수 있는 것에 집중해야 하는데 저 같은 경우엔 이젠 학점은 올릴 수 없으니 영어 점수를 더 올릴지 고민을 해봐야겠네요. 그런데 제가 처음 질문 드렸던 한국사나 컴퓨터활용능력 자격증 같은 건 아직 답변 안 해주셨어요.

김장수　제가 너무 둘러서 왔네요. 한국사나 컴퓨터활용능력 자격증은 보통 공기업에서 가점 사항으로 요구하는 경우가 많죠. 공기업도 염두에 두고 있다면 한국사나 컴퓨터 자격증은 저학년 때 미리 취득해두는 것이 좋아요. 그러나 사기업에 지원할 땐 거의 무의미한 자격증이지요. MOS 자격증도 마찬가지고요. 요즘 신입사원 중에 컴퓨터 능력이 부족해서 일을 잘하지 못할 것으로 생각하는 상사는 아무도 없으니까요. 회사는 요즘 신입사원은 기본적인 컴퓨터활용능력은 당연히 갖추고 있다고 생각해요. 실제로도 그렇고요.

김아진 저는 엑셀과 파워포인트를 잘하지 못하는데요?

김장수 회사에서 일하면서도 금방 배우실 겁니다. 지금은 다른 취업 준비 활동을 하기에도 바쁠 텐데 굳이 따로 시간을 내서 OA(Office Automation)를 배울 필요는 없습니다.

김아진 그럼 저는 뭘 해야 할까요? 아무것도 안 하고 있자니 너무 초조해지네요. 학점은 이미 어찌할 수 없고, 영어 점수도 나쁘지 않아서 더 공부해야 할 필요성을 느끼지 못하겠어요. 공기업엔 지원할 생각은 없어서 컴퓨터활용이나 한국사 자격증도 굳이 공부하지 않아도 될 것 같고요. 민간의 HR 자격증들이 여러 개 있던데 그런 걸 취득하면 도움이 될까요?

김장수 요즘 민간에서 관리하는 자격증들이 매우 많은데요, 그런 민간 자격증들을 취득한다고 해서 취업에 반드시 도움이 된다고 말씀드리기는

　　　　　　　　　　　　　　　　　　　취업 합격 확실한 행복

어려울 것 같아요. 다만 자격증 취득 그 자체는 크게 중요하지 않지만, 자격증 취득을 위해 직무 지식을 쌓았다는 것은 중요할 수 있습니다. 이력서에 한 줄 채워 넣을 수 있는 스펙만 중요한 것이 아니거든요. 서류 통과 이후 면접 단계에서 면접관의 질문에 잘 대답하기 위해선 스펙보단 실제 직무 지식이 훨씬 더 중요하니까요. 그리고 자격증을 취득한다면 부가적으로는 내가 이 직무에 관심을 꾸준히 가져왔다는 시그널을 면접관에게 줄 수는 있습니다.

김아진 그렇군요. 이력서에 적어 넣기 위함이 아니라 직무 지식 함양을 위해 어떤 자격증 취득을 준비해야 할지 고민해봐야겠네요.

## 3-5  인·적성시험은 어떻게 준비할까요

김장수 이제 자기소개서 얘기는 여기까지 하고요. 나중에 또 자기소개서에 관해 궁금한 거 있으면 언제든 질문해주세요. 이제 서류전형의 그다음 관문인 인·적성시험에 대해 간단히 얘기해보려고 합니다. 아진 씨는 인·적성시험 합격률이 어떻게 돼요?

김아진 합격률이라고 말할 만큼 인·적성시험을 많이 보진 않았고요. 지금까지 3번의 인·적성시험을 봤는데 2번 합격하고 1번 떨어졌었습니다.

이정우 저도 벌써부터 인·적성시험이 걱정입니다. 문제지를 보니깐 수능과도 비슷해 보이고 IQ 테스트와도 비슷해 보이던데 제가 수능을 잘 본 것도 아니고 또 머리가 좋지도 않거든요. 대기업들은 대부분 인·적성 시험을 치르는 것 같던데, 인·적성시험에 불합격하게 되면 다른 준비가 잘 되어 있더라도 면접 기회를 얻을 수 없잖아요.

🧑‍🦰김장수　맞아요. 게다가 요즘은 인·적성시험의 비중이 과거보다 더 커져서 인·적성시험을 잘 대비하지 않으면 안 됩니다. 다행히 아진 씨 같은 경우엔 3번 중 2번을 합격하셨을 정도면 합격률이 괜찮아 보이는데요. 인·적성시험을 어떻게 준비하셨었어요?

👩김아진　저 같은 경우엔 따로 많이 준비하진 않았어요. 인·적성 문제 유형을 봤는데 제가 잘 풀 수 있는 형태라고 판단해서 서류 합격 발표가 나면 그 기업의 인·적성 문제집을 사서 1~2주 정도만 공부했는데 합격했었어요.

🧑‍🦰김장수　다행이네요. 그럼 아진 씨에게는 인·적성시험에 대해 따로 더 설명드릴 건 없을 것 같아요. 지금까지처럼 계속 준비하시면 될 것 같아요. 문제는 정우 씨처럼 인·적성시험에 자신이 없는 분들인데요. 대표적인 인·적성시험인 삼성 GSAT를 예로 들자면, 출제영역이 ① 언어논리, ② 수리논리, ③ 추리, ④ 시각적사고로 현재 출제되고 있습니다. 기업마다 인재상이나 채용 전략에 따라 조금씩 다르지만 대체로 삼성 GSAT와 크게 다르지는 않아요. 문제를 처음 풀어보면 생각보다 높은 난도에 당황하실 수도 있지만 사실 시간만 들인다면 풀 수 없는

문제는 없어요. 관건은 시간인데요. 얼마나 짧은 시간 안에 주어진 문제를 풀어낼 수 있는가가 포인트입니다.

이정우 그럼 지금부터 준비를 좀 해야 할까요?

김창수 아니에요. 본격적인 취업 준비까지 1년 이상 남은 시점인데 벌써 준비하는 건 비효율적입니다. 다만 시간이 될 때 한 번쯤 문제집을 풀어보고 본인의 약한 영역이 무엇인지는 확인해두는 것이 좋아요. 특별히 남들보다 많이 떨어지는 영역이 있다면 원서를 넣기 1년 전쯤부터 미리미리 문제를 풀어보면서 감을 잡아보는 것이 좋습니다. 나중에 본격적인 공채 기간에 공부하기 시작하면 자기소개서 쓰랴, 면접 준비하랴 시간이 정말 부족하거든요.

이정우 그렇군요. 그럼 연습만 충분히 한다면 좀 부족한 영역이 있더라도 극복할 수 있는 수준일까요?

김창수 물론입니다. 저 같은 경우도 인·적성시험에 굉장히 약했지만, 원서 넣기 한두 달 전부터 고시생처럼 인·적성 공부에만 매달렸더니 단기적으로 실력이 늘었거든요. 그런데 제가 지원할 때보단 지금 경쟁률이 더 높은 만큼 더 잘 준비를 하셔야죠. 얼마나 준비해야 하느냐는 개인차가 있기 때문에 본인의 수준을 사전에 정확히 진단해두신다면, 나중에 얼마든지 노력 여하에 따라 극복 가능합니다. 요즘엔 시중에 문제집도 잘 되어 있고, 유튜브 등에서 문제 유형별 TIP도 많이 공유되고 있으니깐 본인이 부족한 만큼 시간만 투자한다면 얼마든지 실력을 늘릴 수 있을 거예요.

김아진 그런데 대리님, 제가 조금 전에 인·적성시험에 자신이 있다고 말씀드렸잖아요. 그런데 시험을 잘 쳤는데 떨어진 적이 한 번 있었거든요. 인·적성시험이 인성시험＋적성시험이잖아요. 그러니깐 적성시험에선 문제가 없었는데 인성시험에서 불합격한 것은 아닐까 개인적으로 생각하고 있었는데 어떻게 생각하세요?

김장수 글쎄요, 그럴 수도 있겠죠. 그런데 인성시험은 적성시험처럼 특별히 준비할 수 있는 시험이 아니라서 특별히 신경 쓰실 필요는 없을 것 같아요. 인성검사는 지원자가 회사에 잘 적응할 수 있을지, 회사의 인재상에 부합할지를 판단하기 위한 문제입니다. 그래서 같은 문제라도 기업의 원하는 답이 기업마다 다를 수가 있기 때문에 어떤 답을 골라야 하는지는 아무도 몰라요.

김아진 그러면 그 기업의 인재상이나 조직문화 등을 미리 알아두고 문제를 풀 때 고려하면 도움이 되지 않을까요?

김장수 그럴 수도 있겠지만, 본인의 생각과 다른 답을 인위적으로 고르다 보면 답안의 일관성이 떨어질 수가 있어요. 그러면 거짓 답을 한 것으로 결과가 나와서 떨어질 가능성도 있습니다. 그러니깐 인성시험 때문에 여러 번 떨어졌다고 확신이 들기 전까진 인재상 같은 건 염두에 두

지 말고 솔직하게 검사에 임하시는 편이 좋겠습니다. 단, 누가 보더라도 옳지 않거나 이상한 행동, 예컨대 '나는 불을 보면 흥분한다.' 같은 문항이 있다면 당연히 피해야겠지만 이런 것까진 설명해 드리지 않아도 되겠죠? 아진 씨처럼 인·적성시험 합격 경험이 있으시다면 앞으로도 솔직하게 본인이 생각하는 답을 체크하시면 됩니다.

김아진    네, 알겠습니다.

## 3-6   업종별 특징 이해하기

이정우    대리님, 직무 선택에 대해서는 계속 고민하고 있는데 어떤 업종에서 일할지도 미리 생각을 해둬야 할까요? 예컨대 전자산업과 식품산업의 영업 담당자는 같은 영업 직무라도 하는 일이 조금 다를 것 같아서 미리 생각을 해두어야 하지 않을까 싶어서요.

김장수    좋은 질문인데요. 말씀하신 것처럼 같은 직무라도 어떤 업종에서 일하느냐에 따라 직무의 내용이 조금 차이가 날 수는 있습니다. 그러니깐 어떤 업종에서 일하고 싶은지 생각을 해둘 필요는 있겠죠. 그런데 현실적으로는 업종까지 미리 정해두고 그 업종만 타겟팅해서 취업을 준비하기엔 지금 취업 시장 현실이 만만치 않은 것 같아요. 특히 이공계열 직무가 아니라면 업종 보다는 직무 선택에만 집중하시면 좋을 것 같습니다.

이정우 왜죠?

김장수 그만큼 지원 기회가 줄어드니까요. 예컨대 나는 반도체 기업의 구매 담당자가 되겠다고 생각해서 반도체 기업 채용공고에만 지원하면 지원할 수 있는 기업이 몇 개 없겠죠. 그러니깐 지금처럼 취업이 힘든 시기엔 모험이죠. 업종별 기업문화나 처우, 직무 내용의 차이는 이해만 해두시고, 실제로 지원하실 땐 모두 지원하시는 편이 좋을 것 같네요.

김아진 정우 씨도 실제 원서 넣으실 때가 되면 업종은 안 가릴걸요. 저도 대학교 2학년 때는 나중에 패션업에서 일하고 싶다고 생각했었는데 막상 지원할 때는 가릴 상황이 아니라는 것을 알게 됐거든요.

이정우 그렇군요. 그게 현실이군요. 허허.

김장수 제가 너무 부정적으로만 얘기했던 것 같네요. 그렇다고 의기소침해지실 건 없어요. 어떤 업종에서 일하겠다고 미리 생각해두시고, 꾸준히 모니터링 해두시거나 관련 업종에서 인턴 등의 경험을 해두시면 실제 그 업종에 지원하실 때 분명 유리한 면이 있습니다.

김아진 그럼 업종별, 산업별 대략 조직문화나 처우상에 어떤 차이가 있을까요?

**김장수** 우선 같은 업종에 있는 기업이라고 할지라도 그 기업의 규모와 특징에 따라 처우와 조직문화는 차이가 날 수 있다는 점을 전제로 말씀을 드리고요. 대략적인 차이를 이해하시려면 주력 제품의 수명주기를 통해 추측해볼 수는 있어요. 예컨대 정유나 화학 산업의 기업들처럼 주력 제품의 수명주기가 굉장히 긴 기업의 경우에는 업무 강도가 높지 않고 조직문화가 다소 보수적인 경향이 생깁니다.

> 매일경제
>
> ## 제품 수명주기
>
> 하나의 제품이 시장에 도입되어 폐기되기까지의 과정을 말한다. 이 수명의 장단(長短)은 제품의 성격에 따라 다르지만 대체로 도입기·성장기·성숙기·쇠퇴기의 과정으로 나눌 수 있다. 이 가운데 특히 기업이 노력을 전개해야 할 부분은 도입기와 성장기이며 기업은 성장을 위해서 언제나 성장기에 있을 만한 제품을 라인에 끼워 두고 신제품 개발이나 경영의 다각화를 시도하여야 한다.

[출처 : 매일경제 용어사전]

**김아진** 왜 그럴까요?

**김장수** 30년 전에 생산하는 제품을 지금도 생산하고 있고, 앞으로도 별다른 신제품 없이 그 제품만 생산할 기업이 있다고 생각해봅시다. 대외 환경의 변화에 꾸준히 대응은 해야겠지만 기본적으로 각 직무 담당자들이 해야 할 일의 내용 자체는 크게 변화되지 않겠죠? 자연히 업무 강도는 떨어지고, 충분히 노하우가 쌓은 기존의 업무프로세스가 존중될 수밖에 없으므로 조직문화도 보수적으로 흐를 가능성이 높겠죠. 석유화학산업이나 정유산업이 대표적인 예입니다. 물론 기업마다 조금씩 다르지만요. 석유화학기업이라도 끊임없이 신사업을 추진하는 회사도 있으니까요.

🧑 이정우　그러면 반대로 IT 업종의 경우 제품 수명주기가 짧을 테니까 조직문화도 빠르게 변하고 업무 강도가 강하겠네요?

😊 김장수　일반화할 수는 없겠지만 그런 경향은 있습니다. 그런데 대신 인력을 충분히 채용하고 있다면 IT 업종이라도 업무 강도는 강하지 않을 수도 있죠. 특히 요즘 사회문화 전반적으로 워라밸(Work & Life Balance, 워크앤라이프밸런스)가 워낙 강조되고 있기 때문에 과거보다는 IT 기업의 업무 강도도 워라밸을 중시하는 방향으로 많이 변화하고 있습니다. 대신 빠른 시장 변화에 대응해야 하는 만큼 조직문화만큼은 여타 제조업보다 확실히 유연한 면이 있죠.

🧑 이정우　업종별 평균 연봉도 제품 수명주기로 가늠할 수 있나요?

😊 김장수　연봉의 경우 대기업의 경우엔 업종과 관계없이 그룹의 평균적인 연봉 수준에 영향을 받기 때문에 제품 수명주기로 설명하기는 좀 어려워요. 중소기업의 경우엔 규모에 따라 워낙 천차만별이고요. 취업포털 잡코리아에서 조사한 2019년 자료를 살펴보면 평균 연봉이 가장 큰 업종은 금융업으로 올해 신입직 초임은 평균 4,790만 원, 유통·무역 업종은 4,410만 원, 이어 △석유화학·에너지(4,360만 원) △자동차·항공·운수(4,130만 원) △전기·전자(4,020만 원) △식음료·외식

(3,980만 원) 순이었다고 하니까 참고하세요.

## 3-7　직무 멘토링

**김장수** 그럼 이제 정우 씨가 재무 직무 현직자와 멘토링하고 오신 후기를 좀 들어볼까요?

**이정우** 네, 대리님께서 재무팀 현직자를 소개해주셔서 잘 만나고 왔습니다. 추상적으로만 생각했던 재무 직무가 실제로 어떤 일인지 잘 이해할 수 있는 계기가 되었습니다. 저는 막연히 수학에 자신이 있기 때문에 재무 직무를 해도 잘할 수 있겠다 정도로 생각하고 재무 직무를 희망 했었는데 너무 쉽게 생각했었던 것 같아요. 아직 재무 직무를 하겠다 고 결심하진 않았지만, 만약 재무 직무를 하겠다고 결심하고 나면 계 획을 잘 짜서 준비해야겠다는 생각을 하게 되었습니다.

**김장수** 계획을 잘 짜야겠다고 생각했다고 하는데 왜 그런 생각을 하셨어요?

**이정우** 재무 현직자분도 재무 직무를 하겠다는 결정을 굉장히 일찍 하셨더 라고요. 대학교 2학년 때 재무팀에서 일할 계획을 세우고 경영학과 를 복수 전공하면서 재무/회계 과목 위주로 수강하셨고요, 그리고 재 무 관련 자격증을 일찍부터 여러 개 취득하셨고 CPA도 1차까지는 합 격한 적이 있다고 하셨습니다. 그리고 원서를 쓸 때는 재무나 회계 직무밖에 원서를 쓰지 않았다고 해요. 그간 해온 공부가 재무밖에 없기 때문에 다른 직무를 쓸 수도 없었다고 하더라고요. 그래서 '한 직무를 오랜 시간 동안 준비하면 남들과 다른 확실한 차별점이 생기는구나'라는 것을 느꼈습니다.

김장수 맞아요. 그 차별점이란 것이 CPA와 같은 취득하기 어려운 자격증이 될 수도 있고, 누가 보더라도 '이 지원자는 재무팀을 가기 위해 대학생활 동안 착실히 준비해온 친구다.'라는 것을 느껴지는 것만으로도 다른 지원자와는 확실한 차별적 경쟁력이 될 수 있죠. 단순히 좋은 학교를 나오고 토익 점수가 높아야 경쟁력이 있는 것이 아니라는 말이죠.

이정우 그 점을 저도 확실히 이해하게 되었습니다.

김장수 그럼 이제 재무 직무도 희망 직무로 유력하게 고려하고 계신 것 같고, 또 어떤 직무를 생각하고 있나요?

이정우 아직 영업 직무도 같이 고민 중입니다. 그래서 대리님께서 영업 담당자 한 분 소개해주시면 또 만나 뵙고 싶습니다.

김장수 그럴 줄 알고 이미 얘기는 해두었고요. 오늘 끝날 때 연락처 알려드릴게요. 전화 한 번 드리세요. 기다리고 있을 겁니다.

이정우 앗, 감사합니다!

**3-8  외국계 기업 취업하기**

🧑 김장수  이제 또 다른 궁금한 것 없나요? 면접은 다음 주부터 이야기할 계획이 니깐 면접을 제외하고 다른 주제로 궁금한 거 있으면 질문해주세요.

👩 김아진  외국계 기업은 국내 기업과 지원 방법이 다른지 궁금해요. 외국계 기 업에 한 번 지원해본 적은 있는데 그땐 국내 기업과 지원 방법이 똑같 았거든요. 서류 제출하고 나서 인·적성시험까지 봤는데 국내 기업과 무엇이 다른지 못 느꼈어요. 그런데 외국계 기업은 지원 절차가 좀 다 르다는 얘기를 들은 적이 있는데 어떤 게 다를까요?

🧑 김장수  요즘엔 외국계 기업도 국내 기업처럼 공채하는 경우가 있어요. 공채 로 채용할 경우엔 국내 기업과 채용 절차가 크게 다르지는 않아요. 아 진 씨는 아마 공채로 채용하는 외국계 기업에 지원하셨나 봅니다. 대 규모 인원을 한꺼번에 채용해야 할 때는 공채 방식이 효과적인데 외 국에선 흔치 않은 채용 방식이죠. 그런데 외국계 기업이라도 국내에 진출한 지 오래되었거나, 국내에 큰 사업장을 보유하고 있어서 대규 모 채용이 필요한 경우엔 공채하는 경우도 있답니다.

👩 김아진  그러면 공채를 하지 않는 경우가 훨씬 더 많다는 말씀이죠?

🧑 김장수  수시 채용으로 채용하는 경우가 훨씬 더 많아요. 결원으로 인해 채용 이 필요하거나, 사업 확장을 위해 추가 인원이 필요할 경우, 필요한

인원만큼은 수시로 채용하는 방식이죠.

김아진　수시 채용은 어떻게 지원하죠?

김장수　공채와 마찬가지로 잡포털에 게시된 채용공고를 확인하는 방법이 있
고요. 또 채용이 진행되지 않을 때라도 회사 홈페이지에 들어가서 이
력서를 입력해두시는 방법도 있어요. 만약 지원한 포시션에 결원이
발생할 경우에 입력해둔 이력서를 회사가 보고 적합한 인력이라고
판단이 되면 연락을 할 수도 있습니다.

※ 외국계 기업 전용 잡포털 피플앤잡 (https://www.peoplenjob.com)

김아진　제가 알기에는 공채가 아닌 수시 채용이라 하더라도 국내 기업에 지
원할 때랑 다른 건 없는 것 같네요?

김장수　입사지원 서류가 조금 달라요. 아진 씨는 아까 말씀하신 외국계 기업
에 지원하실 때 국문 이력서와 자기소개서만 제출하셨어요?

🙎 김아진   네, 국내 기업에 지원할 때와 똑같았어요.

🙍 김장수   국내 기업처럼 국문 이력서와 자기소개서를 요구하는 경우도 있는데
요. 영문 이력서와 영문 자기소개서도 함께 요구하는 경우도 있고요.
요즘엔 드물기는 하지만 커버레터(Cover Letter)를 요구하는 경우도 있
어요.

🙎 김아진   커버레터요? 영문 이력서와 영문 자기소개서는 알겠는데 커버레터
는 뭐에요?

🙍 김장수   요즘엔 커버레터를 요구하는 경우가 많지는 않으니깐 그냥 이런 게
있다 정도를 알시면 두시면 될 것 같아요. 준비는 새 그세 어렵지는
않으니까요. 커버레터는 과거에 이메일 등 온라인 시스템이 발달하
지 않은 시대에 기업에 이력서를 보낼 때, 이력서와 함께 동봉한 편지
형태의 자기소개서입니다. 예시를 하나 찾아서 보여드리죠.

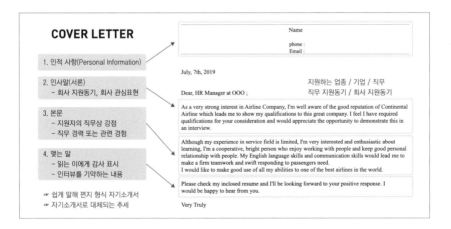

**김아진** 자기소개서를 편지 형식으로 바꿔 쓴 것 정도로 이해하면 되겠군요?

**김장수** 맞아요. 다만 일반적인 전개 방식이 있으니깐 지켜주셔야 돼요. 인적 사항을 가장 먼저 기재하고, 그다음 인사말을 적으시면서 회사와 직무의 지원동기를 간략히 밝혀주시고요, 이후 본문에서는 본인의 강점과 직무 경험을 적어주시면 되겠습니다. 마지막으로 맺음말에선 읽은 준 이에게 감사를 표하고 또 면접 기회를 주기를 희망한다는 내용으로 마무리해주시면 되겠습니다.

**이정우** 아진 씨 경우엔 영어를 잘하시지만 저는 영어를 잘하지 못하는데 저 같은 경우엔 외국계 기업에 지원할 수가 없겠죠?

**김장수** 외국계 기업에서 일하려면 영어는 기본이겠죠. 그래서 외국계 기업 중에선 토익 또는 영어 말하기 점수를 서류 단계에서 중요하게 보는 곳들이 많아요. 그런데 직무마다 차이가 있긴 합니다. 업무상 외국의 본사나 다른 지사와 영어로 커뮤니케이션해야 할 일이 많은 포지션일 경우엔 영어가 굉장히 중요하겠지만, 또 어떤 포지션은 영어가 거의 필요하지 않을 수도 있거든요. 그럴 경우엔 유창한 영어 실력을 채용 단계에서 요구하지는 않겠죠. 실제로 외국계 기업이라고 해서 다 영어 면접을 보지는 않아요. 엉어 면접을 보지 않는 경우도 많고, 본다고 하더라도 간단한 비즈니스 회화 수준 정도만 확인하는 경우도 있습니다. 이건 채용하는 포지션에 따라 달라서, 어떤 직무는 영어를 어느 정도 하면 된다는 식으로 딱 잘라 말씀드리기가 힘드네요.

이정우 음…. 그러니깐 하게 될 일에 따라서 채용 단계에선 영어가 중요하지 않을 수도 있다. 그런데 취업 이후에 외국계 기업에서 일을 잘하려면 영어는 잘해야 된다 이 말씀이죠?

김장수 맞아요. 잘 정리해주셨네요.

이정우 대리님은 왜 외국계 기업에 취업하지 않으셨어요? 국내 기업과 외국계 기업이 어떤 차이가 있나요?

김장수 저는 '외국계 기업 말고 국내 기업에 취업해야지'라고 생각을 한 적은 없고요. 다만 먼저 합격 결과를 받은 지금 이 회사에 입사하게 된 것뿐입니다. 외국계 기업을 저도 다녀본 적은 없지만, 지금 외국계 기업에 다니고 있는 지인들의 얘기를 들어보면 국내 기업과 조직문화 면에서 조금 차이가 있긴 한 것 같아요.

이정우 연봉은 어디가 더 높나요?

김장수 기업마다 연봉이 다 달라서 국내 기업과 외국계 기업 나눠서 연봉을 비교하는 건 크게 의미가 없을 것 같긴 한데요. 일단 물어보시니깐 온라인에서 얼마 전에 본 자료를 소개해 드릴게요. 잡코리아에서 조사한 2017년 대졸 신입직 평균 연봉을 보면, 대기업이 외국계 기업보다 조금 높다는 것을 확인할 수가 있네요. 그런데 외국계 기업의 경우 관리자로 승진하는 기간이 국내 기업보다 짧게 걸리기 때문에 연봉 상승폭은 국내 기업보다 빠를 수 있습니다.

🧑 이정우    초반에는 국내 대기업이 높지만, 나중엔 결국 본인 하기에 달렸다?

🧑 김장수    그렇죠. 그리고 외국계 기업하면 칼퇴근과 수평적인 조직문화가 생각나실 텐데요. 전반적으로 외국계 기업들이 국내 기업보다 조금 더 수평적인 문화를 갖고 있고 워라밸이 잘 지켜지고 있긴 합니다. 그런데 여러분이 겪게 될 조직문화는 어차피 가서 직접 겪어봐야만 알 수 있어요. 어떤 회사에 가든 여러분의 워라밸과 조직문화는 같이 일하게 될 사람이 누구냐에 따라 크게 좌우되거든요. 그러니깐 조직문화에 대한 소문 때문에 기업을 정하시는 건 잘못된 선택 기준이라고 생각합니다.

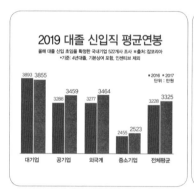

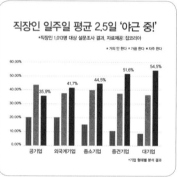

[출처 : 잡코리아]

🧑 이정우    그 말씀을 들으니깐 제 군 생활이 생각이 나는데요. 선진병영이라고 소문난 부대에 배치를 받게 돼서 처음엔 기뻐했는데 바로 윗선임이 이유 없이 매일 괴롭히니깐 선진병영도 다 소용없더라고요.

취업 합격 확실한 행복

🧑 **김장수** 같은 맥락으로 이해하셔도 좋을 것 같습니다.

👩 **김아진** 연봉이랑 워라밸의 차이 말고 외국계 기업의 또 다른 특징이 있을까요?

🧑 **김장수** 외국계 기업에서 일하면 아무래도 글로벌 업무 기회를 많이 얻을 수 있겠죠. 인적 네트워크도 국내뿐 아니라 해외 동료나 거래처 사람들과도 쌓을 수 있고요.

👩 **김아진** 그럼 나중에 본사에 가서 일할 수도 있나요?

🧑 **김장수** 그건 아마 쉽지 않을 거예요. 국내에 진출해있는 외국계 기업은 대한민국 국내에서의 비즈니스 성공을 목적으로 하고, 또 그 목적 달성을 위해 채용을 했을 테니까요. 불가능하다고 할 수는 없지만 쉽지 않은 것으로 알고 있습니다.

👩 **김아진** 그렇군요. 혹시 또 다른 특징이 있을까요?

🧑 **김장수** 거의 다 말씀은 드린 것 같고요. 예전에는 국내 기업은 관리자 중심으로 성장하고, 외국계 기업은 직무 중심으로 성장하는 차이가 있다고 말할 수가 있었는데 요즘엔 그 차이가 점점 더 줄어드는 것 같아요. 우리나라 기업들의 기업문화도 글로벌 기준으로 빠르게 변화하고 있거든요. 앞서 말씀드린 차이점들도 시간이 지날수록 더 줄어들어 갈

것입니다. 그러니깐 외국계 기업이냐 국내 기업이냐를 고민하시기보다는 어떤 직무로 취업할 것이냐가 훨씬 더 중요한 고민입니다.

## 3-9 취업준비생의 멘탈 관리

김아진 이건 개인적인 고민인데요. 대학교를 졸업하자마자 바로 취업할 것이라고 자신해왔는데 생각보다 쉽지 않다는 걸 깨닫고, 이제 공식적인 '백수'가 되고 보니 심적으로 조금 힘든 것 같아요. 자존감도 예전보다 많이 떨어지고요. 처음에 원서 넣을 땐 '여기 떨어지면 뭐 갈 데가 없겠어?'라고 생각하며 자신만만했는데, 이젠 원서를 넣으면서도 어차피 되지도 않을 것 같은데 괜히 시간만 낭비하는 건 아닌가 걱정부터 되더라고요. 집에서 지내다보니 부모님 눈치도 보이고요. 부모님께서 눈치를 주시는 것도 아닌데 말이죠. 나이가 있다 보니 괜히 찔리는 것 같아요.

김장수 그렇군요. 지인들에게 취업 준비로 힘들다고 얘기해보셨어요?

김아진 네, 제가 제 마음을 숨기는 스타일은 아니거든요. 여러분에게 고충을 털어놓아봤지만, 딱히 위안이 되시는 않았어요. 먼저 취업한 선배들에게 이야기하면 그래도 취업준비생일 때가 좋다고 얘기하더라고요. 취업하고 나서 일하는 게 더 힘들다고요. 여자 동기들은 대부분 저와 같은 입장일 뿐이고, 남자 동기들은 이제 막 군대에서 제대하고 복학한 상황이라서 아마 이 심정 모를 겁니다.

🧑 김장수  선배들은 개구리 올챙이 적 생각하지 못하는 거죠. 그래도 선배들을 탓할 수는 없는 것이 사회초년생활이 정말로 녹록지는 않을 거예요. 그러니깐 취업준비생일 때 힘들었던 기억은 잊어버린 거죠. 정우 씨는 아직은 잘 공감되지 않으시죠?

🧑 이정우  저도 걱정되긴 한데 직접 겪어본 것은 아니므로 그냥 힘들겠구나! 짐작될 뿐이네요.

🧑 김장수  그래요. 취업준비생의 가장 힘든 점이 마음 관리죠. 누구도 이해 못해주는 것 같고요. 합격하기 전까지는 계속 불합격 소식만 듣게 되니깐 자존심이 상처도 생기고요. 언제가 가장 힘든 것 같아요?

👩 김아진  아무래도 주변 지인들이 먼저 취업할 때에요. 합격했다고 연락이 오면 겉으로는 아무렇지도 않은 척 축하하지만 씁쓸한 것은 어쩔 수 없어요. 진심으로 축하해주고 싶은데 그게 마음처럼 되지 않네요.

🧑 김장수  방금 핵심을 얘기해주신 것 같아요. 취업 준비가 힘든 이유 중에 가장 큰 이유가 주변 사람들과 본인을 비교하게 되기 때문이거든요. 그러면 어떻게 해야 할까요?

👩 김아진  주변 사람들과 저를 비교하지 않아야겠죠. 그런데 그걸 누가 모르나

요. 말처럼 쉬운 일이 아니니까 그렇죠.

**김장수** 말처럼 쉬운 건 아니죠. 상황을 좀 객관화해서 생각해보죠. 아진 씨가 취업하기 전까진, 누군가는 취업하겠죠? 그리고 그때까지 아진 씨는 불합격 소식만 받았겠죠. 그러니깐 이 상황은 대한민국의 모든 취업 준비생들이 반드시 겪게 되는 상황입니다. 아진 씨에게 취업 소식을 알린 친구도 겪었던 상황이고요. 그러니깐 아진 씨만 겪는 특별한 상황이 아니라는 말이죠. 그리고 불합격 소식을 들었을 때 너무 본인 탓을 안 했으면 좋겠어요.

**김아진** 그렇다고 남 탓을 할 수도 없지 않나요. 절 떨어트린 것이 회사의 잘못인 건 아니잖아요. 취업이 어려운 사회 구조를 탓하는 건 무의미한 것 같고요.

**김장수** 맞는 말이지만, 반대로 아진 씨의 잘못이라고 할 수도 없어요. 누구의 잘못도 아니죠. 단지 회사가 바라는 인재상에 아진 씨가 자기소개서나 면접에서 보여준 역량이나 태도가 부합되지 않았을 뿐이죠.

**김아진** 그건 결국 제가 부족했다는 것 아닌가요?

**김장수** 아니죠. 하나의 가능성일 뿐이죠. 몇 가지 가능성이 있을 수 있습니다. 첫째, 아진 씨 말처럼 본인이 회사가 원하는 인재상에 가장 부합하는 지원자가 아니었을 가능성. 둘째, 아진 씨가 충분한 역량을 보여졌음에도 회사가 잘못 판단했을 가능성. 셋째, 아진 씨가 충분한 역량을 보여줬음에도 회사 내부의 사정으로 채용이 취소됐을 가능성. 넷째, 있어서는 안 되는 일이지만 채용 예정자가 있었을 가능성이지요.

이정우　제가 아는 선배 한 분은 중소기업에도 번번이 불합격하더니 1년 후에 우리나라에서 가장 큰 기업에 합격해서 이상하다고 생각한 적이 있는데 이제 이해가 되네요. 취업을 위한 절대적인 역량 수준도 있겠지만, 기업과의 궁합과 타이밍도 중요한 변수가 될 수 있다는 말이죠?

김장수　그 선배의 경우로 한 번 생각해볼까요? 그 선배가 1년간 중소기업에도 낙마한 원인으로는 첫째, 대기업에도 합격할 수 있을 정도로 뛰어난 역량을 보유했음에도 다른 기업에는 적합한 인재 유형이 아니었을 가능성. 둘째, 충분한 역량을 보여줬음에도 기업들이 잘못 판단했을 가능성. 셋째, 그 기업의 내부 사정으로 채용이 취소됐을 가능성. 넷째, 채용 예정자가 있었을 가능성이 마찬가지로 있겠죠.

김아진　무슨 말씀이신지 알 것 같고, 대리님께서 저를 위로해주셔서 감사합니다만 그래도 너무 합리화하는 것 같습니다.

김장수　합리화가 아니에요. 상황을 객관적으로 보자는 것이죠. 필요 이상으로 상황을 부정적으로 보고, 본인의 문제가 아닐 수 있음에도 모든 탈락의 원인을 본인의 능력 부족으로 돌리지는 말자는 것입니다. 그것은 객관적 사실이 아니니까요.

🧑 **이정우**  무슨 말씀이신지 알겠습니다. 그런데 회사의 인재상에 부합해야 한다는 말이 조금 추상적인 것 같아요. 예컨대 A라는 회사에서 뛰어난 인재는 B, C, D 회사에서도 뛰어난 인재가 아닐까요?

🧑 **김장수**  맞는 말이기도 하고 맞지 않는 말이기도 해요. 조금 전 정우 씨가 말한 것처럼 기본적으로 취업을 위한 기본적인 역량 수준은 분명 있습니다. 그래서 A라는 회사에 합격했다면 경쟁사인 B라는 회사에 합격할 확률도 높죠. 그런데 회사마다 기업문화가 달라서 그 조직에 잘 융화될 수 있는 인재 유형이 세부적으론 조금씩 달라요. 그러니깐 내가 객관적으로 아직 부족해서 떨어졌을 가능성도 있지만, 동시에 단지 그 회사에 적합하지 않았을 가능성도 있다는 말입니다. 내가 부족했을 가능성을 염두에 두고 취업 준비 기간에도 끊임없이 본인의 역량을 발전시켜야겠지만 단지 그 회사에 적합하지 않았을 가능성을 완전히 무시하지는 말자는 것입니다. 그것 또한 사실은 아니니까요. 기대와 다르게 취업 준비가 장기전이 될 수도 있기 때문에 지나친 비관에 빠지는 건 항상 경계하며 마음 관리를 잘하셔야 합니다.

🧑 **김아진**  알겠습니다. 남과 비교하지 말고 묵묵히 제 할 일을 열심히 하도록 하겠습니다.

취업 합격 확실한 행복

김장수 그럼 오늘 모임은 여기까지 하도록 해요. 다음 주도 같은 시간, 같은
장소입니다. 정우 씨는 숙제 알고 계시죠? 영업 직무 현직자와 멘토
링하고 오기!

이정우 물론입니다.

김장수 다음 주는 면접에 관해 얘기해보도록 할게요. 아진 씨는 참조용으로
자기소개서 한 부 인쇄해서 오세요.

김아진 알겠습니다.

김장수 아무튼 오늘 고생하셨어요. 그럼 다음 주에 뵙죠!

김아진 감사합니다!

이정우 감사합니다!

# # 멘토 김장수 # 세 번째 만남을 마치고

이번 모임에서는 자기소개서나 면접 같은 실전적인 부분 외에도 취업준비생들이 많이 궁금해하는 내용을 질의응답식으로 다뤘다. 아진 씨나 정우 씨가 이번 모임에서 했던 질문들은 개인적으로 알고 있는 후배들에게도 많이 받았던 질문이라 익숙했다. 역시나 취업준비생들의 마음은 모두 비슷한 것 같다. 특히 멘토링 마지막 즈음에 멘탈 관리에 관해 나눈 이야기가 계속 생각이 나는데 적절한 답변이 이루어졌는지 잘 모르겠다.

'취준생'이라는 용어가 등장한 것이 생각보다 얼마 되지 않았다. 예전에는 대학을 졸업하기 이전에 대부분이 취업이 되었고, 졸업 후 취업한다고 하더라도 일시적인 구직상태에 불과했기 때문에 '취준생'이라는 용어가 불필요했다. 그런데 IMF 이후로 청년 고용시장이 계속 어려워지기 시작하더니 지금은 IT 기술의 발전으로 기업이 필요로 하는 인력은 과거보다 대폭 감소했지만 베이비붐 자녀 세대가 고용시장에 뛰어들고 있기 때문에 고용시장의 수요와 공급의 불균

취업 합격 확실한 행복

형이 극심한 상태다. 요즘엔 취업준비생을 더 세분화한 신조어인 '취반생'(취업반수생) 같은 용어까지 등장했다고 한다.

10여 년 후쯤에는 취업난이 아닌 고용난을 겪고 있다는 지금의 일본처럼 청년노동인구의 감소로 취업난이 해소될지도 모른다는 전망이 있다. 지금 청년들은 우리나라 고용시장 최악의 구간을 지나고 있는 셈이다. 이런 사회 구조적 문제는 아진 씨도 잘 알고 있을 테니 굳이 이야기하지는 않았다. 이 상황에서 우리 청년들이 취업에 어려움을 겪는 것은 너무 당연한 일이지만 취업준비생 입장에선 취업난이 사회 구조적 문제이기 때문에 취업이 잘되지 않아도 어쩔 수 없다고 단념할 수는 없는 노릇이다.

취업난에 더하여 취업준비생들을 더 힘들게 하는 건 다른 사람들과의 비교를 끊임없이 하게 된다는 것이다. 주변의 누군가는 취업에 성공하기 때문에 취업 준비 기간 동안 영향을 받을 수밖에 없고 본인만의 페이스를 유지하는 것이 쉬운 일이 아니다. 아진 씨에게 당부했던 것처럼 채용 불합격을 매번 본인의 문제로 돌리지 않길 바라는 이유는 특정 취업의 불합격이 100% 본인의 문제인 것이 아니며, 또 그렇게 생각하는 것이 취준 생활에 도움이 되지 않기 때문이다. 바로 취업이 되면 좋겠지만 어쩌면 장기전이 될 수도 있다. 그래서 취업준비생이라고 고3 수험생이 수능 준비에만 몰두하는 것처럼 너무 취업 준비에만 묻히는 것은 바람직하지 않다. 규칙적인 생활과 본인만의 취미생활을 계속 유지하면서 본인의 페이스를 계속 유지해가길 바랄 뿐이다.

# 이정우의 재경 직무 현직자 멘토링

**이정우** 안녕하세요! 이정우입니다. 바쁘실 텐데 이렇게 뵐 기회를 주셔서 감사합니다.

**최여준 대리** 반가워요. 대학생분들과 멘토링을 하고 있는 김장수 대리를 보니 은근히 부럽기도 했는데 제게도 이런 기회가 생겨서 저도 기쁩니다. 저는 신입사원으로 입사한 후로 지금까지 재경팀에서 자금출납, 부가세 신고, 결산 등의 업무를 해왔고요. 제가 아는 범위에서 재경 직무에 대해 궁금하신 내용에 대해 최대한 알려드리도록 할게요.

**이정우** 감사합니다. 우선 제 소개부터 드리자면, 저는 군에서 막 전역한 대학교 2학년이고요. 경영학을 전공하고 있습니다. 그리고 사실 직무는 아직 정하지 못했어요. 두 가지 직무를 지금 고민 중인데요. 첫 번째는 영업이고 두 번째는 재경직입니다.

**최여준 대리** 왜 그 두 가지 직무를 고민하고 있는지 알 수 있을까요?

이정우 우선 영업 직무를 고려하고 있는 이유는 영업 직무가 채용인원이 가장 많고 지방 영업 조직의 경우 지방대 출신이더라도 불리하지 않을 것 같아서입니다. 그렇지만 제가 영업에 적합한 인재라곤 딱히 생각이 들지 않아서 고민이고요. 사실 재경 직무를 더 하고 싶긴 합니다. 아직 관련 전공으로 회계학 원론밖에 듣지 않았지만 공부하는 것도 재미있었고 성적도 잘 나왔거든요. 제가 다른 건 몰라도 숫자 감각은 좀 있는 편이고요. 꼼꼼한 성격이기도 합니다. 좀 시니컬한 편이기도 하고요. 좋은 말로 하면 분석적인데, 나쁜 말로 하면 까칠하다는 평도 좀 듣는데 이런 성격은 재경 직무가 적합하지 않을까 싶었어요.

최여준 성향은 재경 직무와 잘 맞지만, 취업문이 좁을 것 같아서 고민
대리 　 된다는 말씀이신 거죠?

이정우 대리님이 저라면 어떻게 하시겠어요?

최여준 답하기가 굉장히 부담되는 질문인데요, 판단은 본인이 해야
대리 　 되겠지만 저라면 재경 직무로 밀고 나가겠습니다. 이제 겨우 대학교 2학년이잖아요? 충분히 준비하실 수 있는 시간이 있으니까요.

이정우 재경 직무는 채용인원이 적다 보니 아무래도 소위 '스펙'을 많이 요구하잖아요. 다른 건 제가 지금부터 준비할 수 있겠지만,

학교를 바꿀 수는 없다 보니 고민이 되네요.

**최여준 대리** 제가 인사팀 출신이 아니라서 출신 학교가 얼마나 중요한지는 잘 모르겠지만, 주변 동료들을 보면 명문대 출신들이 많은 건 사실이에요. 그렇지만 모두가 그런 건 아니고요. 학교도 여러 스펙 중 하나일 뿐이죠. 어쩌면 평생 하게 될 일을 선택하는 것인데 겨우 학벌 때문에 지레짐작으로 겁먹고 포기하는 건 너무 아깝지 않을까요?

**이정우** 김장수 대리님도 그렇게 말씀을 하시더라고요. 그럼 재경 직무를 하기 위해 지금부터 제가 뭘 준비해야 할까요? 자격증을 따야겠죠?

**최여준 대리** 자격증도 필요하겠지만, 회계 관련 전공수업을 충실히 듣는 것이 가장 기본입니다. 재무, 회계 분야 지망자가 관련 전공과목 학점이 좋지 않다면 신뢰를 줄 수 없겠죠. 자격증은 그 다음이긴 한데, 가장 좋은 자격증은 당연히 CPA(공인회계사)입니다. 그렇지만 잘 알다시피 CPA 자격증은 취득 난도가 워낙 높다 보니까 쉽게 도전하기 어려운 자격증이죠. 그래서 1차 합격만 하더라도 다른 자격증 취득보다 더 높게 평가하는 경우도 많습니다. 그 외 재경관리사나 IFRS 등 자격증도 취득하신다면 도움이 될 겁니다. 회계 관련 자격증은 아니지만 빼놓을 수 없는 것이 토익 같은 공인 영어 점수고요.

취업 합격 확실한 행복

이정우 높은 학점과 괜찮은 영어 점수, 회계 자격증 정도면 되는 걸까요?

최여준 수치화할 수 있는 스펙 말고도 본인의 진짜 실력을 지금부터
대리 만들어 가셔야 합니다. 출신 학교가 취업에 불리하게 작용할
것 같으면, 그것을 뛰어넘을 수 있는 본인만의 역량을 만드셔
야죠. 단순히 이력서 한줄 용으로 봉사활동이나 공모전에 참
여하는 것은 취업에 도움이 되지 않아요. 어떤 활동, 경험하든
지 본인의 진짜 실력을 만드는 기회로 삼겠다는 자세로 접근
하셔야 합니다. 물론, 정량적 스펙을 최대한 높이는 노력도 하
셔야 하고요.

이정우 알겠습니다. 이제 조금 길이 보이는 것 같습니다.

최여준 재무·회계를 공부한다는 것은 어디 가서도 인정받을 수 있는
대리 본인의 무기를 단련하는 것입니다. 다시 말해 재무·회계는 분
명한 전문성을 가질 수 있는 분야라는 매력이 있습니다. 성격
이 꼼꼼하고 숫자에 대한 감각이 있다면 재무·회계는 분명 매
력적인 직무가 될 것입니다. 그리고 정우 씨의 고민에 대한 저
의 최종 답변을 드리자면, 어떤 직무를 해야 더 큰 회사를 갈
수 있을까 고민하는 것은 잘못되었다고 생각합니다. 내가 어
떤 일을 더 잘할 수 있는지 고민하는 것이 먼저 아닐까요?

이정우 무슨 말씀이신지 잘 알겠습니다. 조금 더 고민해보도록 하겠
습니다. 시간 내주셔서 감사합니다.

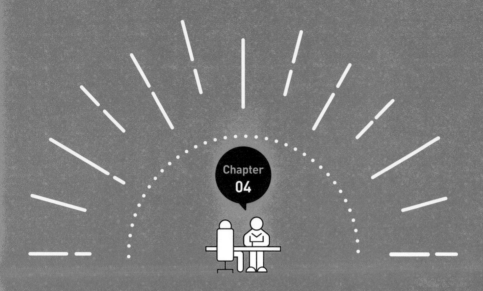

# 네 번째 만남

(면접 대응전략)

# # 2/8일 # 4회차 마지막 모임

## 4-1 취업스터디 활용하기

👨‍💼 **김장수** 안녕하세요, 이번에도 일주일 만에 뵙네요. 두 분 어떻게 지내셨어요?

👨 **이정우** 저는 요즘 영어공부에 매진하고 있습니다. 지난주에 멘토님께서 외국계 기업의 특징과 취업 준비 방법에 관해 설명해주셨잖아요. 영어를 미리 준비해두면 나중에 지원할 때 선택의 폭을 넓힐 수 있겠다는 생각이 들었거든요. 그리고 영업 직무 현직자분과 멘토링도 했습니다.

👨‍💼 **김장수** 영어가 중요하다는 건 굳이 저까지 이야기할 필요가 없을 만큼 너무 당연하겠죠. 외국계 기업뿐 아니라 국내 기업에 지원하더라도 영어

취업 합격 확실한 행복

는 대부분 기업에서 기본 스펙으로 여기니까요. 나중에 4학년이 되면 영어 준비할 시간이 없으니깐 지금 해두시는 게 좋겠죠. 그리고 멘토링 이야기도 궁금하네요. 그건 오늘 모임 마지막에 들어보기로 하고요. 아진 씨는 일주일간 어떻게 지내셨어요?

김아진 안녕하세요, 요즘엔 채용공고가 거의 뜨지 않아서요. 가만히 있기엔 불안하고 뭐라도 해야 할 것 같아서 독서실에서 HR 월간지를 읽으면서 모르는 용어는 찾아보며 공부하고 있어요. 또 HR 분야로 취업을 준비하는 스터디에 가입해서 지난주에 첫 모임을 했어요. 다들 똑같은 취업준비생이다보니 모여서 무얼 해야 할지 뚜렷이 방향을 못 정하고 있어서 대리님 만나면 조언을 좀 구해보려고 했습니다.

김장수 잘하셨어요. 혼자 준비하는 것이 편하다는 분도 계시지만, 취업준비생이 굉장히 외로운 특수 신분이잖아요. 서로 힘을 줄 수 있는 동료를 만나서 함께 준비하는 것도 좋다고 생각합니다. 심적인 도움이 될 뿐 아니라 취업스터디를 통해 서로가 알고 있는 정보를 공유할 수도 있고요. 특히 면접 연습은 혼자 하기 어렵잖아요. 같이 연습하시면 도움이 되겠죠.

김아진 다행히 모두 좋은 분들을 만난 것 같아서 모임을 시작하기 잘했다는 생각이 들어요. 자기소개서, 인·적성시험, 면접에 이르기까지 전 분야를 같이 준비하기로 했는데 아까 말씀드렸다시피 갈피를 못 잡고 있어요. 조금 더 자세히 어떻게 하면 좋을지 좀 알려주세요.

🧑 김장수　스터디원들 각자 준비 상황에 따라서 준비 방법도 달라져야 할 것 같
긴 한데요. 과거에 저도 취업스터디에 참여했었는데 큰 도움이 되었
다고 생각하기 때문에 제가 참여했던 스터디 프로그램을 예시로 알
려드릴게요.

👩 김아진　네, 좋아요.

🧑 김장수　제가 했던 모임의 경우 꽤 빡빡한 일정으로 진행했어요. 일주일에
3번이나 했거든요. 모임 때마다 3시간 진행했었고요. 이렇게 자주 만
난 이유는 인·적성 문제집을 모아서 같이 풀었기 때문이에요. 문제집
은 혼자 풀어도 되지만, 수리나 추리 영역의 경우 본인만의 풀이 방법
을 생각해내는 분들이 계시거든요. 인·적성시험은 시간 단축이 가장
중요하니까 서로의 노하우를 공유하는 것이 확실히 도움되었어요.
그때의 전체 일정표를 한번 그려볼까요?

| 시간 | 내 용 | 세 부내 용 |
|---|---|---|
| 14 ~ 15시 | 인·적성 문제 풀기 | 시간 내 각자 문제 풀기 |
| 15 ~ 16시 | 인·적성 풀이 방식 공유 | 오답 문제 풀이 방식 공유 |
| 16 ~ 17시 | 모의 면접 | 인성, 토론, PT, 영어 면접 |

－ 일시 : 주 3회 (월, 수, 금) 14 ~ 17시 운영
－ 인원 : 6명 (경영지원(마케팅, 기획, 영업, 재경, HR 등) 취업 희망자)

👩 김아진　저희는 인·적성시험을 각자가 알아서 준비하기로 했고, 주 1회만 모
이기로 했는데 방식을 바꿔야 할까요?

👨 **김장수** 아니에요. 제가 보여드린 건 하나의 예시일 뿐이고요. 팀원 모두에게 도움이 될 수 있도록 일정을 구성하면 돼요. 저 당시 스터디원들의 경우엔 인·적성시험에 모두 자신 없어 했기 때문에 인·적성 스터디 위주로 일정을 구성하고 자주 모임을 한 거고요. 만약 스터디원들이 인·적성은 자신 있고 면접 준비에 더 많은 시간을 투자해야 한다고 생각하면 면접 연습시간을 많이 배정하면 되는 거죠.

👩 **김아진** 그렇군요. 저희는 다들 인·적성보단 면접을 걱정하고 있는 것 같아요. 그런데 저희끼리 모의 면접을 하긴 할 테지만 저희가 모두 취업준비생일 뿐이잖아요. 저희 피드백이 맞을지 안 맞을지도 모르는데 그냥 저희끼리 하는 것이 의미가 있을까요?

👨 **김장수** 전문 컨설턴트나 HR에 계신 현직자가 모임 때마다 참석해서 피드백을 줄 수 있다면 가장 좋겠죠. 그런데 현실적으로 그럴 수는 없잖아요. 한두 번은 전문가를 초청해서 피드백을 받을 수도 있겠지만, 여러분들끼리 진행해야 하는 경우가 훨씬 더 많을 거예요. 그런데 전 누가 가르쳐주지 않더라도 여러분끼리 하더라도 충분히 도움이 될 수 있다고 생각합니다.

👩 **김아진** 피드백을 받지는 못하더라도 스피치 연습이라도 할 수 있으니까요?

👨 **김장수** 그 이유도 있죠. 남들 앞에서 말을 한다는 건 경험이 부족하다면 연습이 필요하니까요. 적당히 긴장한 모습은 괜찮지만 보는 사람을 불안

하게 할 만큼 심하게 떠는 모습을 면접장에서 보여주면 좋은 점수를 받기 어렵겠죠. 모의 면접 상황에서 여러 번 말을 해보면 분명 스피치에 도움이 될 것입니다. 스피치 얘기가 나왔으니까 드리는 말씀이지만, 스피치 역량 자체가 중요한 직무가 아니라면 스피치(억양, 발음, 표정 등)을 잘하기 위해 굳이 따로 시간을 투자할 필요는 없다고 생각합니다. 스피치 보다는 말의 내용이 훨씬 더 중요하니까요.

**김아진** 다른 이유는요?

**김장수** 스터디원들의 피드백도 충분히 도움이 되기 때문입니다. 요즘 취업 준비생들은 본인이 면접 전문가는 아니라고 할지라도 학교에서 제공해주는 취업 특강이나 취업 컨설턴트들이 운영하는 유튜브 영상 등을 통해 충분히 많은 정보를 이미 접하고 있습니다. 다만 직접 실전이나 연습에서 적용할 때 취업 특강이나 유튜브에서 들은 것을 실천하기가 어려울 뿐이죠. 그렇지만 모의 면접관이 되어 면접자에게 피드백을 줄 때는 좋은 피드백을 줄 수 있습니다. 훈수는 훨씬 쉬운 법이니까요. 그러니깐 그 피드백을 듣는 분도 도움이 되는 것이고, 피드백을 하는 분도 왜 취업 컨설턴트들이나 현직 인사 담당자들이 이런 상황에서 이렇게 하는 것이 좋다고 한 것인지 직접 말을 하면서 더 잘 이해할 수 있을 거예요.

**김아진** 그렇군요. 그러면 저희끼리 면접스터디를 해도 서로에게 충분히 도움이 되겠네요. 그리고 기회가 된다면 전문가를 초청하면 더 좋은 거고요.

취업 합격 확실한 행복

**김장수** 한 번 불러주시면 저도 스터디에 참가해보겠습니다. 그리고 제가 아니더라도 요즘엔 대학마다 취업지원팀이 설치된 것으로 알고 있어요. 취업지원팀에 코칭을 요청하시면 아마 도움을 줄 겁니다.

**김아진** 그런 방법도 있군요.

**김장수** 그리고 스터디원들이 모두 HR 분야로 취업을 희망하는 분들이라 하셨죠? 그렇다면 HR 이슈를 돌아가면서 발제하고 토의하는 시간을 가지는 것도 좋을 것 같습니다. 아진 씨의 최대 약점이 HR 직무를 하기 위해 특별히 해온 활동이 없다는 점이니까요, 이슈 토론을 통해 직무 지식도 쌓을 수 있고, 면접과 자기소개서에서 어필할 수 있는 경험도 만들 수가 있을 것 같아요.

**김아진** 그렇겠네요. 스터디원들과 좀 더 의논해보도록 하겠습니다.


## 4-2  면접 준비 (1) 면접관 이해하기

**김장수** 이제 예고 드린 대로 면접에 관해 얘기해보도록 하겠습니다.

**김아진** 네, 제일 중요한 시간이군요.

**김장수** 지피지기 백전불태라고 하죠. 면접장에서 만나게 될 인물들에 대해 먼저 알아볼까요? 면접장에 가시면 누굴 만나게 되죠?

이정우 그야 면접관이겠죠.

김아진 그리고 인사 담당자도 대기실에 있었어요.

김장수 맞아요. 면접장에 가시면 면접관과 인사 담당자를 만나게 되겠죠. 또 있는데 누굴까요?

김아진 경쟁자들입니다!

김장수 경쟁자를 만나게 되겠죠. 경쟁자라고 말하니깐 왠지 서글픈 생각도 드는데 경쟁자이긴 하죠. 같은 포지션으로 한 명이 아닌 다수 채용이라면 면접장에선 경쟁자이지만 회사에서 같이 일하게 될 동료가 될수도 있고요. 저와 같이 면접실에 들어갔던 분이 지금은 옆자리에서 일하는 동기랍니다. 아무튼, 그러면 우선 인사 담당자에 대해 먼저 얘기해볼게요. 면접장에서는 1명에서 많게는 5명 정도의 인사 담당자들을 만나게 되는데요. 아진 씨는 이전에 면접 보실 때 인사 담당자를 어디서 보셨어요?

김아진 면접 대기실에 한 분 있었고요. 복도에도 한 분 계셨어요. 대기실에 계신 분은 PT 면접 주제를 저희한테 제시해주는 역할을 하셨고, 틈틈이 말을 걸면서 이것저것 물어보시기도 했고요. 복도에 계신 분은 제가 면접 볼 차례가 되었을 때 저를 불러서 면접실로 데려가는 역할까지 하셨어요.

🧑 **김장수** 그렇죠. 그럼 대기실에 계시던 인사 담당자부터 얘기해보죠. 복도에 계신 분이 이것저것 물어봤다고 하셨죠? 어떤 걸 물어보셨어요?

👩 **김아진** 저한테는 집에서 여기까지 오기 힘들지는 않았는지 물어봤고요. 다른 분께 물어보는 것도 들었는데 그분은 다른 회사에 재직 중인 상태였는데, 그 회사는 업무 강도가 강한지 물어봤던 것 같아요.

🧑 **김장수** 어떻게 답변하셨어요?

👩 **김아진** 저는 그냥 별로 멀지 않았다고만 답변했고요. 다른 분은 업무 강도가 좀 강한 편이다고 답변했더니 인사 담당자가 저희도 만만치 않을 텐데 괜찮으시겠냐고 되물었고, 그분이 괜찮다고 답변하셨던 거로 기억해요.

🧑 **김장수** 그 인사 담당자의 질문은 단순히 지원자의 긴장을 풀어주기 위함이 아니라 지원자를 평가하기 위한 목적이 있었을 것 같네요. 면접관이 물어보는 것보단 인사 담당자가 물어보면 아무래도 긴장을 덜 하고 있기 때문에 솔직히 답변을 할 가능성이 높거든요. 아진 씨와 같이 면접 보셨던 분의 답변은 면접관에게 나중에 전달됐을 가능성이 높을 것 같습니다.

김아진   아, 그럼 인사 담당자도 면접관이라고 생각을 해야겠군요.

김장수   바로 그 이야기를 하려고 한 것입니다. 대기실에 있는 인사 담당자를 마냥 편하게 생각하고 대충 대답하시면 안 되거든요. 면접을 직접 보진 않지만, 채용 과정 전체를 기획하고 운영하는 인사 담당자의 의견도 면접 단계에서 중요하게 반영되는 경우가 많습니다. 그리고 면접관이 직접 물어보기 어려운 질문을 인사 담당자를 통해서 하는 경우도 있고요. 그러니깐 대기실에 있는 인사 담당자의 질문엔 신중하게 답변하시는 것이 좋아요. 그렇다고 너무 긴장한 모습을 보여주는 것도 좋진 않고요. '최대한 여유 있게 대답은 하시되, 내용은 신중하게!' 제가 말은 쉽게 했지만 실제로는 참 어렵겠네요.

김아진   무슨 말씀인지 알 것 같습니다.

김장수   다음은 복도에 있는 인사 담당자에 관해 얘기해볼게요. 복도에 있는 인사 담당자가 아진 씨를 호명하고 면접실 앞에서 따로 전달해주신 내용이 있었죠?

김아진   네, 3명이 함께 입장했기 때문에 누가 먼저 입장하고 면접관에게 인사는 어떻게 하면 된다고 말씀해주셨어요.

김장수   인사 담당자가 안내해주신 대로 입장하셔서 면접을 진행하셨겠군요. 만약에 그 인사 담당자가 아진 씨를 포함해서 같이 입장하신 세 분께 아무런 안내도 안 하셨다면 어떤 일이 벌어졌을까요?

**김아진** 입장할 때 우왕좌왕했을 것 같아요. 특히 면접관에게 언제 인사를 해야 할지 애매했을 것 같아요.

**김장수** 그렇죠. 한 분이 입장하면서 인사하면, 의자 앞에서 인사하려고 생각했던 분도 얼떨결에 따라서 인사하게 되겠죠. 그랬다면 세 분 다 좋은 첫인상을 주지는 못했을 겁니다. 복도에 있는 인사 담당자가 가이드를 주는 것이 맞지만, 혹시나 인사 담당자도 정신이 없어서 깜박할 수도 있거든요. 그러니깐 아무런 안내를 해주지 않으면 꼭 먼저 물어보셔야 합니다. 어떤 순으로 입장하면 되고 어떻게 인사를 하면 되는지를요. 만약 복도에 인사 담당자가 따로 없는 면접 상황이라면 지원자 분들끼리 상의를 꼭 하셔야 합니다.

**김아진** 아하, 생각하지 못했던 것인데 다음에 면접을 볼 땐 유념해야겠네요.

## `4-3` 면접 준비 (2) 면접 유형

**김장수** 지피지기를 위해 면접관과 인사 담당자를 알아봤으니 이제 면접 유형부터 알아봅시다. 어떤 면접이 있는지 알아야 대비도 할 수 있겠죠. 그럼 두 분이 아는 면접 형태가 어떤 것들이 있는지 쭉 말씀해보시겠어요?

김아진 저는 1차 실무 면접을 봤었고, 2차 임원 면접을 봤어요.

이정우 제가 알기엔 어떤 역량을 검증하려고 하느냐에 따라 직무 지식을 검증하기 위한 직무 면접, 인성을 검증하기 위한 인성 면접으로 구분되는 거로 알고 있어요.

김장수 두 분께서 잘 말씀해주셨어요. 도식화하면 이렇게 되겠네요.

| | |
|---|---|
| **실무(직무) 면접**<br>**1차/2차 면접** | ■ **검증사항** : 지원자의 직무 전문성과 경험/경력의 업무 적합성 확인<br>■ **면접형태** : 多 : 1 면접, 多 : 多 면접, 직무/전공 PT 면접, 토론 면접<br>■ **선발배수** : 3배수 이상(기업마다 다름)<br>■ **면 접 관** : 임원 이하 실무부서 관리자 또는 실무자, HR 부서 관리자<br>또는 실무자 |
| **최종 면접** | ■ **검증사항** : 지원자의 인성과 태도, 장래성<br>■ **면접형태** : 多 : 1 면접, 多 : 多 면접<br>■ **선발배수** : 최종 선발인원(유실률 감안하여 조금 더 뽑는 경우도 있음)<br>■ **면 접 관** : 대표이사, 임원, HR 책임자 |

서류전형 통과 후 첫 면접인 1차 면접은 보통 실무진이 면접관으로 참여하고 직무 지식을 검증하는 직무(실무) 면접인 경우가 많습니다. 면접 방식에 따라 다시 구분하자면 PT 면접, 토론 면접 등이 있고요. PT 면접에서는 전공 지식을 물어보거나, 직무와 관련된 상황을 제시하고 해결책을 도출하려는 형식의 문제가 출제되고요. 토론 면접에선 찬반을 나눠 토론할 수도 있고, 하나의 솔루션을 도출하기 위한 토론을 할 수도 있습니다.

최종 면접에 해당하는 2차 혹은 3차 면접은 임원이 면접관으로 참여하는 임원 면접이며, 주로 인성 또는 태도를 검증하는 인성 면접인 경우가 많아요. 인사팀에서 사전에 준비한 질문을 할 수도 있고, 면접관이 필요하다고 판단한 질문을 자유롭게 할 수도 있습니다. 이땐 자기소개서와 이력서의 내용을 기반으로 질문하는 경우가 많아서 서류에 기재하신 내용은 자신도 잘 이해하고 있어야겠죠.

또 면접 질문이 얼마나 사전에 계획되어 있느냐에 따라 비구조화 면접과 구조화 면접으로 구분할 수도 있습니다. 구조화 면접이란 사전적 의미로 면접의 방식과 프로세스가 구조화되어 있는 면접을 말합니다. 사전에 어떤 질문을 어떤 방식으로 할 것이며, 지원자의 답변에 따라서는 어떤 추가 질문을 할 것인지를 사전에 모두 계획해놓는 면접을 말하죠.

그럼 비구조화 면접이 무엇인지도 아시겠죠? 비구조화 면접은 사전 계획 없이 면접관의 판단에 따라 필요한 질문을 하는 면접을 말합니다. 여기서 더 세부적으로 들어가면 복잡해지니깐 표로 보여드릴게요. 지원자 입장에선 아래 표를 외우실 필요는 전혀 없고요, 이런 형태로 면접 질문이 만들어질 수 있다는 것을 면접관의 의도를 파악하기 위해 참고만 하시면 됩니다. 그러니 가볍게 같이 보시죠.

김장수 먼저 ① 전통적 면접이란 가장 비구조화된 형태의 면접으로 면접관이 어떤 자료도 참고하지 않고 본인의 가치관이나 경험에 따라 필요하다고 판단되는 질문을 하고 답을 듣는 형태의 면접을 말합니다.

김아진 그럼 만약 이력서에 있는 내용을 보고 물어봤다면 전통적 면접은 아니네요?

김장수 이력서를 바탕으로 질문을 하는 면접 형태를 ② 전기자료 면접이라고 합니다. 이 형태의 면접 질문을 아마 가장 많이 받으셨을 거예요.

김아진 이력서에 적은 제 경력사항에 대해 자세한 설명을 물어봤다면 전기자료 면접이라고 볼 수 있는 거죠?

김장수 맞아요. 전기자료 면접이 가장 일반적인 형태의 면접이니까요. 서류에 적으신 내용에 대해선 숙지를 하고 계셔야 합니다. 본인이 서류에 어떤 취미와 특기를 적었는지, 존경하는 인물로 누구를 적었는지, 자기소개서에 어떤 키워드로 본인의 강점을 표현했는지 기억하지 못한다면 면접에서 자기소개서에 적은 내용과 상충하는 답변을 할 수도 있으니까요. 간혹 온라인으로 서류를 제출하고 나면 다시 열람이 되지 않는 곳도 있으니깐 서류 제출하기 전에 꼭 본인 PC에도 저장을 해두시기 바랍니다.

　이제 비구조화와 구조화의 중간에 있는 경험 면접에 대해 알아볼 텐데요. 경험 면접은 중요하니깐 잠시 쉬었다가 할까요?

취업 합격 확실한 행복

**면접 준비 (3) 면접 유형 - 경험 면접**

🧑 김장수  이제 경험 면접에 대해 알아보겠습니다. 경험 면접이 뭔지 이해하기
위해 면접평가표를 살펴보면 좋을 것 같아요. 아래 평가지는 고용노
동부, 한국산업인력공단, 대한상공회의소에서 2016년 7월에 편찬한
<면접도구 안내 가이드북>에 예시로 수록된 것입니다. 실제 적용되
는 평가지는 기업마다 물론 조금씩 다르겠죠.

▶ **경험 면접의 질문 및 평가지 예시**

| 지원분야 | | 지원자 | | 면접관 | (인) |
|---|---|---|---|---|---|

**경영지원관리**
조직이 보유한 인적자원을 효율적으로 활용하여, 조직 내 유·무형 자산 및 재무자원을 효율적으
로 관리한다.

| 주 질문 |
|---|
| A.어떤 과제를 처리할 때 기존에 팀이 사용했던 방식의 문제점을 찾아내 이를 보안하여 과제를 더욱 효율적으로 처리했던 경험에 대해 이야기해주시기 바랍니다. |

| 세부 질문 |
|---|
| [상황 및 과제] 사례와 관련해 당시 상황에 대해 이야기해주시기 바랍니다.<br>[역할] 당시 지원자께서 맡았던 역할은 무엇이었습니까?<br>[행동] 말씀하신 사례와 관련해 구성원들의 설득을 이끌어내기 위해 어떤 노력을 하였습니까?<br>[결과] 그래서 결과는 어땠습니까? |

| 기대행동 | 평점 |
|---|---|
| 업무진행에 있어 한정된 자원을 효율적으로 활용한다. | ①—②—③—④—⑤ |
| 구성원들의 능력과 성향을 파악해 효율적으로 업무를 배분한다. | ①—②—③—④—⑤ |
| 효과적 인적/물적 자원관리를 통해 맡은 일을 무리없이 잘 마무리한다. | ①—②—③—④—⑤ |

**척도해설**

| 1 : 행동증거가 거의 드러나지 않음 | 2 : 행동증거가 미약하게 드러남 | 3 : 행동증거가 어느 정도 드러남 | 4 : 행동증거가 명확하게 드러남 | 5 : 뛰어난 수준의 행동증거가 드러남 |
|---|---|---|---|---|

관찰기록 :


총평 :


※ 실제 적용되는 평가지는 기업/기관마다 다릅니다.

**김장수** 하나씩 뜯어보도록 하죠. 가장 위에 경영관리 직군의 직무 내용이 나와 있습니다. 이처럼 각 기업에선 특정 직군 또는 직무의 역할과 책임 범위를 정의하고 있습니다. 또 이 역할을 잘 수행하는 데 필요한 역량도 정의하고 있죠. 그런데 이 표에선 필요 역량이 무엇인지에 대해서는 생략이 되어있네요. 이 기업의 경영지원 직군의 필요 역량이 문제해결력, 자원관리능력, 유관부서협업능력이라고 가정을 해보겠습니다. 이 표의 주 질문은 이 중 문제해결력을 검증하기 위해 만들어진 질문이네요. 본인이 지원하신 직무의 필요 역량이 무엇인지 궁금하면 회사의 채용 홈페이지를 참고하셔도 좋고, 만약 없다면 NCS를 참고하셔도 됩니다. NCS에서 직무별 요구 역량을 확인하는 방법에 대해선 한 번 설명해 드린 적이 있으므로 여기서는 넘어갈게요. 자, 이제 세부 질문을 봅시다. 세부 질문을 보니까 뭔가 떠오르는 것 없으세요?

**이정우** 혹시 이 질문의 구성은 대리님이 전에 얘기하셨던 STAR 아닌가요?

**김장수** 정확히 보셨습니다. [상황 및 과제]는 STAR의 Situation(상황)과 Task(과제)에 해당하죠. [본인의 역할]도 Task(과제)에 해당합니다. [행동]은 Action(행동)이고요. [결과]는 Result(성과)겠죠. 이렇게 보시면, 왜 경험을 묻는 질문의 답변을 STAR 기법으로 답해야 하는지 명확히 아시겠죠?

**김아진** 면접 질문이 STAR 방식으로 구조화되어 있어서군요!

**김장수** 그렇습니다. 주 질문에 대한 지원자의 답을 듣고 면접관은 세부 질문을 하게 됩니다. 이때 세부 질문도 보통 STAR 방식을 따르게 됩니다. 주 질문에 대한 지원자의 답을 S.T.A.R로 구분하여 각각(상황, 과제, 행동, 결과)에 대해 '꼬리물기' 식으로 계속 질문하여 답변의 진실성을 검증하고 역량을 판단하는 것입니다. 그래서 좋은 세부 질문을 받기 위해서는 주 질문에 대한 첫 대답도 S.T.A.R 구성으로 논리적 답변을 하는 것이 좋습니다. 단, S.T.A.R 구성을 따르더라도 내용을 명확히 전달하기 위해서는 주제부터 먼저 두괄식으로 제시하고 S.T.A.R 순으로 답하는 것이 좋습니다.

그런데 S.T.A.R 구성을 따르는 것보다 훨씬 더 중요한 것은 질문의 의도에 부합하는 경험을 이야기하는 것입니다. 그러니깐 질문을 통해 면접관이 검증하고자 하는 역량이 무엇인지를 먼저 파악하고 그 역량을 증명할 수 있는 경험을 이야기해야 한다는 것입니다. 그래야만 위 표의 하단에 표기된 기대 행동을 충족시킬 수 있을 것입니다.

**김아진** 그러면 첫째, 질문을 통해 검증하고자 하는 역량이 무엇인지 먼저 판단한다. 둘째, 본인의 경험으로 그 역량을 보유했음을 증명한다. 단 이때의 답변은 두괄식으로 요지를 먼저 말한 후 S.T.A.R 구성을 따른다. 이렇게 정리하면 되겠죠?

**김장수** 잘 정리해주셨습니다. 그리고 질문을 받자마자 바로 답변하는 태도는 별로 좋지 않습니다. 3초 정도는 질문의 의도를 생각해보고 답변하는 것이 좋습니다. 만약 바로 답변하면 성급해 보이는 인상을 줄 수 있을뿐더러 질문 의도를 잘못 판단할 수도 있거든요.

## 4-5 면접 준비 (4) 면접 유형 - 상황 면접

김장수 이번엔 경험 면접과 유사한 형태인 상황 면접에 대해 알아봅시다. 경험 면접에서선 본인의 실제 경험을 S.T.A.R 구성으로 말해야 한다면, 상황 면접은 가상의 상황(S)과 과제(T)를 면접관으로부터 부여받습니다. 이 주어진 상황(S)과 역할(T)을 분석하여 문제 원인을 진단하고 어떤 행동(A)을 통해 어떤 성과(R)를 낼지를 답하는 형식이라 보시면 됩니다. 이번에도 마찬가지로 고용노동부에서 발간한 <면접도구 안내 가이드북>에 있는 상황 면접 평가지 예시를 함께 보도록 하죠.

이정우 경험 면접을 할 땐 면접관이 검증하고자 하는 역량이 무엇인지 판단하는 것이 중요하다고 말씀하셨는데, 상황 면접에서 중요한 것은 무엇일까요?

김장수 상황 면접에서는 주어진 상황(S)과 역할(T)을 객관적으로 분석할 수 있어야 합니다. 그래서 문제의 핵심을 정확하게 진단하는 것이 가장 중요합니다. 그래야만 적절한 솔루션(A)과 그 기대효과(R)까지 제시할 수 있겠죠.

이정우 상황해석능력, 상황대응능력을 확인하려는 것이군요!

| 지원분야 | | 지원자 | | 면접관 | (인) |
|---|---|---|---|---|---|

**유관부서협업**
타부서의 업무협조요청 등에 적극적으로 협력하고 갈등 상황이 발생하지 않도록 이해관계를 조율하며 관련부서의 협업을 효과적으로 이끌어 낸다.

**주 질문**
당신의 생산관리팀의 팀원으로, 생산팀이 기한에 맞춰 효율적으로 제품을 생산할 수 있도록 관리하는 역할을 맡고 있습니다. 3개월 뒤에 제품A를 정상적으로 출시하기 위해 생산팀의 생산 계획을 수립한 상황입니다. 그러나 원가가 곧 실적으로 이어지는 구매팀에서는 최대한 원가를 줄여 전반적 단가를 낮추려고 원가절감을 위한 제안을 하였으나, 연구개발팀에서는 구매팀이 제안한 방식으로 제품을 생산할 경우 대부분이 구매팀의 실적으로 산정될 것이므로 제대로 확인도 해보지 않은 채 적합하지 않은 방식이라고 판단하고 있습니다. 당신은 어떻게 하겠습니까?

**세부 질문**
[상황 및 과제] 이 상황의 핵심적인 이슈는 무엇이라고 생각합니까?
[역할] 당신의 역할을 더 잘 수행하기 위해서는 어떤 점을 고려해야 하겠습니까? 왜 그렇게 생각합니까?
[행동] 당면한 과제를 해결하기 위해서 구체적으로 어떤 조치를 취하겠습니까? 그 이유는 무엇입니까?.
[결과] 그 결과는 어떻게 될 것이라고 생각합니까? 그 이유는 무엇입니까?

| 기대행동 | 평점 |
|---|---|
| 유관부서와의 관계, 유관부서들의 이해관계를 명확하게 인식하고 있다. | ①-②-③-④-⑤ |
| 유관부서와의 발생가능한 갈등요인을 적절하게 설명하고 있다. | ①-②-③-④-⑤ |
| 유관부서와의 협력관계를 유지하기 위한 적극적인 노력을 기울인다. | ①-②-③-④-⑤ |

**척도해설**

| 1 : 행동증거가 거의 드러나지 않음 | 2 : 행동증거가 미약하게 드러남 | 3 : 행동증거가 어느 정도 드러남 | 4 : 행동증거가 명확하게 드러남 | 5 : 뛰어난 수준의 행동증거가 드러남 |
|---|---|---|---|---|

관찰기록 :

총평 :

※ 실제 적용되는 평가지는 기업/기관마다 다릅니다.

---

🧑 **김장수** 네, 정확히 말씀해주셨습니다. 그리고 마찬가지로 두괄식으로 말하는 것도 잊으면 안 됩니다. 두괄식으로 답변해야 하는 것은 비단 경험 면접, 상황 면접 뿐 아니라 모든 면접 질문에 대해서 마찬가지로 해당

하는 사항입니다. 자기소개서에서도 마찬가지고요. 두괄식으로 말하는 연습을 꼭 하셔야 합니다.

**김아진** 대리님, 질문이 있습니다.

**김장수** 네, 말씀하세요

**김아진** 아까 답변하기 전에 3초 정도 면접관이 한 질문의 의도를 생각해보라고 하셨잖아요. 그런데 3초 만에 생각이 안 나면 어쩌죠? 면접관의 질문을 통해 면접관의 의도가 무엇일까 생각하다 보면 3초는 훨씬 더 지날 것 같은데요.

**김장수** 일단 3초라고 제가 말씀드린 건 잠시 생각해보란 뜻인 건 아시죠? 3초를 세시면 안 됩니다. 실제 면접장에서 질문을 받고, '아 이제부터 면접관의 질문 의도를 생각해봐야지, 이 질문의 의도는 무엇일까? 이렇게 답변을 해볼까?' 속으로 이런 생각을 하신다면 당연히 시간이 한참 지나겠죠. 그래서 면접관의 질문 의도를 파악해내는 연습은 평소에 많이 하셔야 합니다. 면접스터디를 통해서 여러 차례 시뮬레이션을 해보고, 답변하고 난 후에도 스터디원들과 서로 피드백을 통해 질문의 의도가 무엇이었을시 생각해보는 시간이 필요합니다.

**김아진** "연습을 충분히 하고, 무대 위에 올라가서는 다 잊고 리듬에 몸을 맡겨라!" 모 오디션 프로그램에서 JYP가 한 말이 생각나네요.

김장수　하하, 같은 맥락입니다. 오디션도 일종의 직무 면접이기도 하죠. 지금까지 여러 형태의 구술 면접, 즉 비구조화 면접인 전통적 면접, 전기자료 면접과 구조화 면접인 경험 면접과 상황 면접을 살펴봤습니다. 지금까지 살펴본 구술 면접들의 공통점은 면접관과 지원자 간 질의응답으로 면접이 이루어진다는 것이었는데요. 최근엔 이 같은 구술 면접이 아닌 시뮬레이션 면접도 많이 이루어지고 있습니다. 시뮬레이션 면접이란 실제 업무 현장에서 일어날 수 있는 상황을 가정하고 주어진 문제를 여러 지원자가 함께 해결해가는 과정과 결과를 모두 평가하는 방식입니다.

김아진　상황 면접과 가장 큰 차이점이라면 여러 명의 지원자가 함께 참여한다는 것인가요?

김장수　시뮬레이션 면접의 경우 지원자의 협동심을 평가하기 위해 팀 단위로 진행하는 경우가 많습니다. 각 팀에서 준비한 발표에 대한 평가는 물론이고 발표를 준비하기 위해 토의하는 과정 전체를 평가합니다.

이정우　지금까지 들은 면접 방식 중에서도 어렵게 느껴지네요. 시뮬레이션 면접에 참여할 때 특별히 신경 써야 하는 점이 있을까요?

김장수　시뮬레이션 면접을 통해 면접관이 어떤 역량을 평가하려고 하는지를 파악하는 것이 중요하겠죠? 문제 상황을 해결해야 하는 과제이니 만큼 단연 문제해결력이 가장 중요합니다. 여기서 한 가지를 더 생각해보아야 합니다. 회사라는 조직이 왜 존재할까요?

**김아진** 개인이 달성하기 어려운 커다란 성과를 달성하기 위해 함께 일하는 위함이 아닐까요?

**김장수** 회사는 많은 인재가 성과달성을 위해 함께 일하는 곳입니다. 그래서 문제해결 과정에서 다른 사람들과 협업할 수 있는 태도를 보여주는 것도 굉장히 중요합니다. 본인의 아이디어가 아무리 기발하다고 자신하더라도 너무 과하게 본인의 주장만 고집하는 태도는 좋은 평가를 받기 힘듭니다. 리더십도 좋지만 과한 리더십은 독선으로 비칠 뿐이거든요. 자기주장도 분명히 하되, 다른 사람의 의견도 적절히 반영하여 혼자서는 생각해내지 못했을 최상의 솔루션을 도출해내려는 열린 태도가 필요합니다.

**김아진** 토의 후에 발표도 한다고 했잖아요? 다른 사람과 협업하는 태도를 보여주는 것이 중요하다고 하더라도 그 발표만큼은 자진해서 하는 것이 좋겠죠?

**김장수** 기업별로 면접 형태가 워낙 다양하다 보니 토의만 하고 발표는 따로 하지 않는 형태도 있다는 것을 먼저 말씀드리고요. 누가 발표를 할지 정할 때도 조직 차원에서 가장 큰 득이 될 수 있는 선택을 하려는 태도를 보여주어야 합니다. 만약 발표 능력에 자신 있다면 자진해서 나서는 것도 괜찮겠지만, 서로 발표하겠다고 다투는 모습은 좋지 않습

취업 합격 확실한 행복

니다. 더 발표를 잘할 수 있는 조원이 있다면 발표는 양보하고, 대신 다른 지점에서 이바지할 바를 찾는 것이 좋을 수도 있습니다. '발표하는 것이 좋다, 나쁘다.'라고 단도직입적으로 말씀드릴 수 있는 문제는 아닙니다.

## 4-6 면접 준비 (5) 자기 소개하기

🧑‍🦱**김장수** 면접장에 가면 가장 먼저 받는 질문이 뭐죠?

👩**김아진** 1분 자기소개입니다.

👦**이정우** 1분이요? 자기소개는 꼭 1분으로 하는 건가요?

👩**김아진** 그런 건 아닌데, 보통 자기소개로 시간을 1분 정도를 많이 주는 거 같아요. 실제로 해보시면 아주 짧은 시간이긴 해요.

🧑‍🦱**김장수** 1분은 짧은 시간이기 때문에 그만큼 내용을 알차게 잘 준비해야죠. 그리고 면접관이 지원자를 접하는 첫인상을 좌우하기 때문에 1분 자기소개는 중요합니다.

👩**김아진** 그런데 제가 봤던 면접에서는 자기소개하는 동안 면접관이 제 얼굴을 보지도 않고 듣고는 있는지 이력서만 뒤적이더라고요.

🧑‍🦰 **김장수** 그러셨군요. 1분 자기소개를 할 때 제대로 듣지 않는 면접관도 있긴 해요. 이력서와 자기소개서를 빨리 훑어보고 질문거리를 찾으려고 하는 거죠. 그래서 더 1분 자기소개를 임팩트 있게 구성해야 합니다. 정신없이 자기소개서를 읽던 면접관의 관심도 끌 수 있도록 말입니다. 1분 자기소개는 본인이 가장 내세우고 싶은 강점으로 내용을 구성하기 때문에, 1분 자기소개로 말한 내용 중에서 면접관이 관심을 두고 질문을 하게 된다면 좋은 답변을 쉽게 할 수 있거든요. 대비가 되어 있는 질문일 테니까요.

👩 **김아진** 그럼 어떻게 해야 자기소개로 면접관의 관심을 끌 수 있을까요?

🧑‍🦰 **김장수** 조금 기술적인 부분을 설명해 드리고 싶은데요, 먼저 1분 자기소개의 형식에 대해 먼저 얘기해보죠. 면접 답변 내용을 기계적으로 외우는 것은 좋지 않지만 1분 자기소개만큼은 대본을 미리 준비하셔서 외우고 면접장에 들어가시는 편이 좋아요. 면접장에서 처음 하는 말이기 때문에 실수라도 하면 남은 면접 시간에도 영향을 주거든요. 학교에서 시험 볼 때도 첫 시험을 망치게 되면 마음 관리가 어려워서 뒤 시간의 시험에도 악영향을 주잖아요. 마찬가지입니다. 아진 씨는 1분 자기소개를 어떤 내용으로 준비하셨어요?

👩 **김아진** 저 같은 경우엔 자기소개서에 썼던 지원동기를 조금 구어체로 바꿔서 말했었어요.

취업 합격 확실한 행복

👨 **김장수** 제가 자기소개의 예시로 알려드리고 싶었던 형태 중의 하나이네요. 면접에서 자기소개할 때 대표적인 형태로 ▲지원동기형 ▲비전형 ▲직무역량강점형 ▲가치관형 등이 있습니다. 특별한 지원동기가 있다면 지원동기를 강조할 수 있고, 회사에서 실천할 수 있는 본인만의 분명한 비전이 있다면 비전을 강조할 수도 있습니다. 직무 준비가 잘 되어있음을 강조할 수도 있고, 직무에 적합한 본인의 태도(Attitude)를 강조할 수도 있겠죠. 반드시 어떤 형태가 좋다고 말할 수는 없고 본인의 강점을 가장 두드러지게 나타낼 방법을 택하시면 됩니다. 아진 씨는 면접 보셨던 회사에 특별한 지원동기가 있으셨나요?

👩 **김아진** 아니에요. 지원동기가 실제로도 딱히 없었기도 하고…. 그때 준비했던 대본을 준비해왔어요. 지난 모임에서 자기소개서의 지원동기 적는 방법에 관해 얘기해주실 때 제가 면접 때도 잘 못 말했다는 것을 알게 됐어요.

> 안녕하십니까, JD 제약의 HR을 이끌어갈 지원자 김아진입니다. JD 제약은 우수한 글로벌 R&D 네트워크를 갖추고 국내 신약개발 시장을 선도하고 있는 기업입니다. JD 제약이 대한민국 대표 제약기업으로서의 위치를 굳건히 할 수 있었던 배경에는 분명 JD 제약의 우수한 HR 제도가 뒷받침되었기 때문이라고 생각합니다. 이같은 JD 제약에서 역량을 발휘하며 HR 전문가로 성장해나가고 싶습니다. 또 JD 제약의 연구원들이 최고의 역량이 발휘할 수 있도록 현 HR 제도를 끊임없이 개선하여, 업계 모범이 되는 HR 제도를 구축하도록 하겠습니다. 이를 통해 JD 제약의 임직원들과 함께 성장하는 HR 담당자가 되겠습니다. 감사합니다.

🧑‍🦰김장수   그렇군요. 어떤 점을 고쳐야 할지도 이제는 아시겠죠? (웃음)

👩김아진   지금 다시 보니깐 부끄럽네요. 우선 기업 분석이 너무 부족했어요. 결론적으로 JD 제약의 HR 제도가 우수해서 JD 제약에 지원한다는 말인데 JD 제약의 HR이 어떤 특징과 강점이 있는지 제대로 공부해보지 않았던 것 같아요. 자기소개인데 제 이야기는 하나도 없고, 회사명만 바꾸면 어디서든 쓸 수 있는 잘못된 지원동기였던 것 같습니다.

🧑‍🦰김장수   지난 시간에도 말씀드렸다시피 좋은 지원동기는 다른 회사에서는 적용될 수 없어야 합니다. 그래야 그 기업에 지원동기라 할 수 있겠죠. 왜 하필 그 회사의 그 직무인지를 명확히 말할 수 있어야 합니다.

👩김아진   그럼 지난 시간에 고친 자기소개서의 '지원동기'를 그대로 말하는 건 어떨까요?

---

'오늘보다 내일이 더 기대되는 기업 MSD'

MSD의 HR은 경영 이슈가 발생하기 전 선제 대응으로 MSD의 오늘을 만들었다고 생각합니다. 2015년경 3년 연속 적자가 나는 위기경영 상황에서 오히려 HRD 투자를 오히려 확대했던 사례로 HR의 전략적 가치를 확인해주었고, 주 52시간제 법 제화 논의 이전에 탄력 근무제를 선제적으로 도입하여 이후 BP 사례로 언론에 여러 번 소개되기도 했습니다. MSD가 대한민국 대표 섬유기업으로서의 위치를 굳건히 할 수 있었던 배경에는 이 같은 강력한 HR 역량이 뒷받침되었기 때문이라

---

취업 합격 확실한 행복

생각합니다. 업계 선두기업으로 지속해서 경쟁력을 강화하기 위해서는 경쟁사 대비 인적 자본의 우위를 계속 확보해야 하며, 이를 위해서는 우수한 경력개발제도가 내일을 여는 열쇠라고 생각합니다. MSD의 내일과 함께하기 위한 HR의 이론적 기반을 대학 생활 동안 만들어왔습니다.

인사관리론, 인적자원개발론 등 전공과목을 통해 HR의 기본 이론을 학습한 후, 실무 적용 사례를 전문 잡지와 논문 등을 통해 찾아보았습니다. 이 과정에서 효과적인 경력개발 프로그램은 하나의 정해진 답이 있는 것이 아니라 기업의 경영전략에 부합해야 한다는 것을 알게 되었습니다. 원가경쟁력 확보를 가장 중요한 사업 전략으로 삼고 있는 MSD는 특히 공정 엔지니어들이 업계 최고 전문가로 성장할 수 있는 엔지니어 경력개발제도가 필요하다고 생각합니다. 각 직급 엔지니어들이 회사에서 성장의 기회를 발견할 수 있는 경력개발제도를 구현하여 MSD의 내일을 만들어가겠습니다.

김장수   자기소개서에 적은 내용을 그대로 말하는 건 성의가 없어 보이겠죠. 너무 길기도 하고 구어체 문장도 아니라서 발음하기도 어려울 거예요. 다만 자기소개서에 적은 소재를 활용해서 내용을 재구성해보는 건 괜찮습니다. 자기소개서에 쓰인 소재는 면접 때 꼭 피해야 하느냐는 질문을 들어본 적이 있는데 삶의 경험이 무궁무진하다면 자기소개서에 적지 않은 소재들만 말할 수도 있겠지만, 본인의 역량을 드러내기에 가장 좋은 소재를 자기소개서에 쓰신 것이잖아요. 더 좋은 소재가 없는데도 억지로 다른 얘기를 하려고 할 필요는 없어요. 제가 지금 바로 한번 면접용 대본으로 고쳐볼게요. 잠시만 시간 주세요.

🙂 **김아진** 네.

👓 **김장수** 안녕하십니까, 지원자 김아진입니다. 제가 MSD에 지원한 이유는 오늘보다 내일이 더 기대되는 기업이기 때문입니다. 오늘의 MSD를 만들기 위해 MSD는 경영 위기 속에서도 인적 자본 투자를 오히려 확충하며 모범적인 위기극복 사례를 만들었습니다. 이 같은 HR 역량이 있기에 MSD의 내일이 더 기대됩니다. 최고의 엔지니어들과 함께 MSD의 내일을 만들어가고 싶습니다. HR 담당자로서 엔지니어 경력개발제도를 더 고도화하여 엔지니어들의 역량을 향상시키고 더 나아가 최고의 원가경쟁력 확보에 기여하겠습니다.

🙂 **김아진** 너무 짧지 않나요?

👓 **김장수** 자기소개가 너무 긴 것은 지루할 수도 있어요. 짧고 간결하게 하시는 편이 좋습니다. 그리고 아진 씨가 HR 직무에 대한 준비가 아직 부족한 면이 있어서 '과거 경험'보다는 '미래계획'에 집중한 형태로 자기소개를 준비했는데요, 반대로 직무 관련 경험이 풍부하다면 '미래'보다는 '과거'에 집중할 수도 있습니다.

　　혹시 <우리 동네 예체능>이라는 KBS 예능 프로그램 아시나요? 그 프로그램에서 박진영(JYP) 씨가 연예인 농구팀에 지원하며 코치와 감독에게 본인 자신을 PR하는 장면이 있습니다. 그때 박진영 씨가 한 말이 자기소개의 좋은 예가 될 수 있습니다.

> "음악 말고 한 가지 더 사랑하는 것이 있는데 농구입니다. 지금까지도 집이 없어서 2년마다 이사를 했는데 이사를 할 때마다 항상 농구대를 만들었습니다."

이처럼 본인이 하고자 하는 일의 관심과 열정을 본인의 경험으로 간결하게 증명한다면 좋은 지원동기이자 자기소개가 될 수 있습니다.

## 4-7 면접 준비 (6) 면접에 임하는 기본 마인드

**김장수** 자기소개 이야기는 이쯤하고, 전반적으로 면접 질문에 대응하는 방법에 관해 이야기해볼게요. 두 분 혹시 탁구 해보신 적 있어요?

**이정우** 해보긴 했는데 잘 못해요. 실력이 비슷한 친구끼리 탁구를 치면 슬랩스틱 코미디가 따로 없어요.

**김아진** 저도 그래요. 탁구는 한 번 정도 해본 것 같은데…. 그런데 갑자기 탁구는 왜요?

**김장수** 올림픽 탁구 경기를 보면 선수들이 굉장히 멋있는 스매싱을 날려서 득점하는 모습을 보셨을 겁니다. 이렇게 프로들의 경기 승패는 승자의 탁월한 활약에 좌우되는 경우가 많아요. 그런데 아마추어 간의 경기는 어떻죠?

**이정우** 상대방이 실수해서 득점하는 경우가 더 많은 것 같아요.

**김장수** 신입 사원 면접 상황이 딱 그래요. 신입 지원자들은 회사에서 실무를 대부분 해보지 않았잖아요. 그러니깐 면접관의 의도를 100% 알아차리는 것도 힘들고, 또 직무 지식을 묻는 말에선 완벽한 대답도 어려워요. 학교에서 배운 이론을 답하는 수준이죠. 반면 실수하기는 굉장히 쉽죠.

**이정우** 실수하지 않는 것이 중요하다는 거죠?

**김장수** 그런데 문제는 회사에서 일해본 적이 없어서 무엇이 실수인지 모른다는 거예요. 회사라는 공간에서 요구되는 행동 양식이 어떤 것인지 잘 모르는 거죠.

**이정우** 그러면 인턴 경험이 있거나 회사에 다녀본 분들이 훨씬 유리하겠네요?

**김장수** 조금은 그렇죠. 인턴이나 현장 체험 등 직무 경험을 쌓을 기회가 있다면 꼭 하시라고 권해드리는 이유 중엔 면접 때 질문에 대한 대응력이 높아진다는 점도 있어요.

**김아진** 전 인턴을 안 해봤어요. 어떻게 하나요.

취업 합격 확실한 행복

🧑 **김장수** 회사라는 조직의 생리를 이해하려고 노력해야 합니다. 무엇보다 회사가 신입 사원을 왜 채용하는지를 이해해야 하고요.

🧑 **이정우** 일할 사람이 필요하니깐 채용하는 것 아닌가요?

🧑 **김장수** 그럼 경력 사원을 채용하면 입사하자마자 실무 능력을 발휘할 수 있을 텐데 왜 굳이 신입 사원을 채용할까요? 신입 사원을 채용해서 그 신입 사원이 퍼포먼스를 내고 실제 조직의 성과에 이바지하려면 최소한 1년 이상은 기다려야 합니다. 그 1년간 그 신입 사원에 대한 급여와 각종 복리후생 비용, 교육 비용, 채용 비용이 투자되고요. 게다가 신입 사원 중 일부는 1년 이전에 퇴사합니다. 언론 기사를 보면, 대기업에서도 대졸 사원의 약 30%가 1년 이전에 퇴사한다고 하죠. 그러니깐 신입 사원을 채용하는 것은 앞서 말한 모든 비용과 리스크에도 불구하고 사람에 투자하는 것입니다.

👩 **김아진** 듣고 보니 그렇겠네요. 그럼 왜 신입 사원을 채용하는 것이죠? 그러니깐 왜 신입 사원에게 투자하는 거죠? 그냥 경력 사원을 뽑으면 투자를 하지 않아도 되잖아요.

🧑 **김장수** 경력 사원을 뽑는 것보다 신입 사원을 뽑을 때 어떤 이점이 있을지 한 번 생각해볼까요?

👩 **김아진** 아무래도 경력 사원은 다른 회사에서 업무 경력을 쌓았기 때문에 회

사의 조직문화와 안 맞는 부분이 있지 않을까요? 반면 신입 사원은 백지 상태이기 때문에 회사가 원하는 대로 색을 입힐 수가 있고요.

**김장수** 그렇죠. 그 점이 경력 사원의 강점인 동시에 약점이죠. 강점으로 보자면, 업무 경력이 있기 때문에 새로운 회사에서도 직무 적응에는 문제가 없죠. 또 다른 회사의 업무 프로세스와 조직문화를 경험해봐서 기존 직원들이 보지 못한 문제점을 발견하여 개선할 수도 있죠. 반면 난점은 본인에게 익숙한 일의 방식이 있기 때문에 새로운 조직의 문화와 업무 프로세스에 쉽게 융화되기 어려운 문제가 있을 수 있습니다, 아무리 혼자서 일을 잘 해도 다른 조직원과 융화되지 못하면 성과를 내기 어려운 곳이 회사이기 때문에 경력 사원을 채용한다고 해서 아무런 위험이 없는 것은 아닙니다.

**김아진** 그럼 역시 경력 사원과 비교해 신입 사원의 강점은 백지 상태라는 것이네요. 회사의 색을 입힐 수가 있고요.

**김장수** 백지 상태라는 것을 바꿔 말하면 바로 잠재력이죠. 그래서 회사는 지금 얼마나 역량을 갖추고 있느냐가 아니라 얼마나 큰 잠재력이 있느냐를 중요하게 봅니다.

**이정우** 그 잠재력을 어떻게 알아보죠?

**김장수** 역량을 지식, 태도, 기술로 나눠서 살펴볼 수가 있다고 말씀드린 적이

취업 합격 확실한 행복

있죠. 우선 지식 측면부터 살펴보자면, 기본적인 직무 지식을 갖추고 있는지를 확인합니다. 사실 회사에 오면 처음부터 배워야 하겠지만, 그래도 최소한의 직무 지식은 있어야 직무 적응이 빠르겠죠. 직무마다 차이가 있는데 R&D 직군이나 기술 직군은 직무 지식이 다른 직군보다 좀 더 많이 요구되죠. 그리고 직무 지식을 보는 이유 중 또 하나는 그 직무를 희망하는 것이 맞는지 진정성을 확인하기 위함입니다. 회계 직무 지원자가 기본적인 대차대조표조차 해석하지 못한다면 회계를 하고 싶어 하는 지원자가 맞는지 의심할 수밖에 없겠죠.

그다음 태도 측면에서 보자면, 사람 개개인의 타고난 기질이 있고 또 성장 과정에서 만들어진 가치관과 미래의 비전이 있죠. 기질적인 면에서 어떤 사람은 조직 생활 자체가 적합하지 않은 사람이 있습니다. 개인 사업을 하거나 프리랜서로 본인만의 창작 활동을 해야만 성과를 만들어낼 수 있는 사람이 있죠. 이런 유형의 사람은 회사가 원하는 인재는 아닙니다. 혼자서 아무리 뛰어난 역량을 발휘할 수 있는 사람이더라도 회사는 기본적으로 다른 사람과 함께 일을 하며 시너지를 만들어야 하는 조직이거든요. 면접에서 타인과의 갈등 경험이나 성격의 장단점을 물어보는 것은 이점을 확인하기 위함입니다.

요즘에는 모범 답안을 외우시는 분도 계시기 때문에 특정 상황을 제시하고 그 상황 속에서 어떻게 대응할 지를 물어보기도 하는 것이고요. 조직 융화성이 모든 회사가 공통으로 원하는 태도라면, 또 회사마다 조금씩 다른 개인의 특성을 요구하기도 하는데요. 개인의 가치관이나 비전 같은 것들이죠. 개인에게 가치관과 비전이 있듯이 회사에도 핵심가치와 비전이 있습니다. 개인의 가치와 비전이 조직의 가치와 비전과 얼마나 잘 맞을지도 면접관들이 관심 두는 포인트입니다. 그래서 기업들은 조직의 가치와 비전을 잘 실현할 수 있는 개인의 특성을 인재상으로 정립해놓는 겁니다.

**김아진** 그럼 회사 홈페이지에서 비전과 핵심가치, 인재상을 확인한 다음에 거기에 맞는 척 연기를 해야 한다는 건가요?

**김장수** 좀 어려운 질문인데요. 일단 회사 홈페이지에 있는 공식적인 인재상이 면접관이 생각하는 인재상과 일치하지 않을 수도 있습니다. 특히 규모가 크지 않은 회사일수록 회사의 인재상이 그저 그럴듯한 구호일 뿐이고, 실제 인재상은 조금 다를 수가 있어요. 그래서 가장 좋은 것은 실제 그 회사에 다니고 있는 현직자의 말을 들어보는 것입니다.

    그리고 연기를 해야 하느냐에 대한 답을 드리자면, 본인의 가치관과 잘 부합해서 연기를 안 해도 되는 회사에 지원하는 것이 제일 좋죠. 그런데 요즘 취업 시장 현실에선 본인과 맞는 회사에만 지원한다는 건 조금 이상적이잖아요. 연기까진 아니더라도 그 회사의 인재상이 어떤지는 미리 확인하시고 고려하셔서 답변하실 필요는 있습니다. 면접에서 자주 나오는 각각의 질문에 대한 대응방법을 소개해 드리면서 또 자세하게 설명하겠습니다.

**김아진** 네.

**이정우** 네.

취업 합격 확실한 행복

🧑‍🦰김장수 면접관은 여러분의 강점뿐 아니라 약점에도 관심이 많습니다. 강점을 더 강화하는 것은 업무를 통해 자연스레 이루어지지만, 약점은 쉽게 고쳐지지 않기 때문입니다. 그래서 여러분이 어떤 약점이 있는지 파악하기 위한 질문을 하는 것입니다. 특히 자기소개서에 적은 약점에 대해서는 질문을 받을 확률이 높으므로 사전에 대비하셔야 합니다. 약점을 묻는 말은 어떤 것들이 있을까요?

👩김아진 제가 받았던 질문은 '성격의 단점이 무엇입니까?', '학점이 상당히 높은데 반해 대외 활동 경험은 많이 보이지 않는다. 성격이 내성적이고 조용히 공부만 하는 스타일은 아니냐?', '지방에서 살아본 적이 없는데 지방에서 근무하게 되면 적응할 수 있겠냐?'는 질문을 받아봤어요.

🧑‍🦰김장수 좋은 예시를 들어줬던 것 같습니다. '성격의 단점이 무엇입니까?'처럼 단도직입적으로 성격의 단점을 물어볼 수도 있고, 조금 우회적인 질문으로 지원자의 단점을 찾아보려고도 할 수도 있습니다. 면접관이 알고자 하는 성격의 단점은 직무 수행에 직접적인 악영향을 줄 수 있는 단점입니다. 직무에 나쁜 영향을 주는 단점을 가진 지원자를 채용할 수는 없겠죠. 단점은 고치기가 쉽지 않다는 것은 우리가 모두 잘 알고 있습니다. 그럼 지원자는 어떻게 답해야 할까요?

👩김아진 지난번 자기소개서 시간에 한 번 얘기해주셨던 것 같습니다. 직무에

영향을 주지 않을 단점에 관해서 얘기해야 한다고요. 자기소개서와 면접도 마찬가지겠죠.

**김장수** 맞아요. 직무에 영향을 주지 않을뿐더러 상황에 따라서는 장점으로 작용할 수도 있는 단점을 얘기하면 좋겠죠. 성격의 단점에 대응하는 방법에 대해서는 앞서 한 번 얘기했기 때문에 여기까지 하고요. 성격의 단점 외에도 면접관이 알고 싶어 하는 지원자의 약점들이 더 있습니다. 아진 씨가 받았던 질문을 통해 더 찾아볼까요?

**김아진** 대외 활동 경험이 적다고 지적한 질문은 아마 저의 '사회성'과 '조직 융화성'을 확인해보고자 한 것 같아요. 실제로 대외 활동 경험이 적다 보니 아무래도 이 부분을 의심하실 수 있을 것 같아요. 그리고 지방 근무를 할 수 있느냐는 질문은 '새로운 환경에 적응할 수 있는 적응력'을 물어본 것 같고요. 서울 외 다른 지역에서 한 번도 거주해본 적이 없어서 지방 근무에 적응하지 못하지 않을까에 대해 의심하신 것 같아요.

**김장수** 질문의 의도를 정확히 파악하셨고요. 질문의 의도만 파악하셨다면 답변이 어렵지 않겠죠? 약점을 물어보는 질문은 그 의도를 정확히 파악하셔서 면접관의 우려를 해소해주는 것이 핵심입니다. 특히 아진 씨가 받은 질문이 많은 지원자가 받는 질문이고, 많은 면접관이 걱정하는 부분들입니다.

**김아진** 그렇군요. 그래서 사회성과 조직 융화성을 확인하기 위해 자기소개서 문항으로도 '갈등을 해소하고 문제를 해결한 경험'을 자주 물어보는 것이군요.

**김장수** 맞습니다. 조직 융화성을 증명하기 위해 반드시 거창한 조직 활동 경험이 필요한 것이 아니에요. 인턴십이나 동아리 활동 경험이 없다고 위축될 필요가 전혀 없다는 말입니다. 아진 씨가 받은 질문을 다시 한번 생각해볼까요?

'학점이 상당히 높은 데 반해 대외 활동 경험은 많이 보이지 않는다. 성격이 내성적이고 조용히 공부만 하는 스타일은 아니냐?'

이 질문의 의도를 대외 활동 경험이 왜 적은지를 지적한 것으로 보고 답변을 한다면, 질문의 의도를 잘못 파악하신 것이고 잘못된 답변을 하게 되겠죠. 질문의 의도는 얼마나 사회성이 있느냐는 것이죠.

**김아진** 저도 그렇게 생각해서 이렇게 답변했습니다. "공부를 열심히 했던 것과는 별개로 사람들과 어울리는 것도 좋아합니다. 학과 활동에 적극적으로 참여했고 조모임을 하면서도 주로 조장을 맡으며 조원들과 좋은 관계를 형성해왔습니다. 말씀 주신 것처럼 외향적인 성격은 아니지만, 사람을 사귀면 진중하게 깊이 만나는 성격이기 때문에 인사 담당자로서도 직원 개개인의 고충과 니즈를 잘 파악할 수 있는 강점이 있다고 생각합니다."

**김장수** 좋은 답변입니다. 만약 답변의 초점이 대외 활동 경험이 적다는 사실을 방어하는 것에 맞추어 "동아리나 인턴 활동은 하지 않았지만, 대신 대학생의 본분은 학업이라고 생각해서 남들보다 더 열심히 전공 공부를 하였습니다. 덕분에 HR에 필요한 기본 이론을 잘 이해하고 있다고 생각합니다."라고 답변한다면 '사회성이 부족하진 않을까'라는 면접관의 우려를 해소할 수 없었을 것입니다. 마지막으로 이 질문에 대해 한번 생각해볼까요?

'지방에서 살아본 적이 없는데 지방에서 근무하게 되면 적응할 수 있겠냐?'

이 질문은 연고지 외 지방에 소재한 기업에 지원할 땐 매우 자주 받게 되는 질문입니다. 아진 씨는 어떻게 답변하셨어요?

**김아진** 이 질문에 대해선 제대로 답변하지 못했던 것만 같아요. A 기업이 꼭 가고 싶었던 회사이기 때문에 지역은 상관없다고 답변 드렸는데 면접관님의 표정이 별로 좋지 않아 보였어요.

**김장수** 면접관이 만족하기 힘든 답변이었던 것 같아요. 면접 때 반드시 경계해야 하는 답변 방식이 '시켜만 주시면 무엇이든 하겠습니다.'라는 식의 답변입니다. '무조건 하겠다'가 아니라 '왜 할 수 있다'가 답변이 되어야 합니다. 그리고 또 '왜'가 설득력이 있어야 합니다. 단순히 'A 기업이기 때문'이라는 것은 설득력이 떨어지죠. '처음에야 그렇게 생각하겠지만 정말 그럴까? 라는 의구심이 생깁니다.

**김아진** 제가 질문의 의도를 잘못 파악했나 보네요. 이 질문의 정확한 의도가

취업 합격 확실한 행복

무엇이었을까요?

**김장수** 면접관은 '한 번도 살아본 적이 없는 지역에서 일하더라도 과연 생활에 적응할 수 있을까?'를 걱정하고 있는 것이잖아요. 그럼 면접관을 설득하려면 첫째, 어떤 지역에서도 잘 지낼 수 있는 적응력이 있다는 것을 본인의 경험으로 증명을 하거나 둘째, 근무지가 전혀 상관없을 만큼 본인이 반드시 이 일을 해야만 하는 납득할 만한 이유를 제시하면 설득할 수 있지 않을까요?

**김아진** 그렇겠네요. 그런데 첫 번째에 대해선 제 경험으로 설명하기는 힘들 것 같아요. 어느 지역이든 적응할 자신은 있지만 집을 떠나서 생활해 본 적이 실제로 한 번도 없어서요. 단체 생활 경험도 거의 없고요. 이럴 땐 경험을 지어내서라도 답을 해야 할까요?

**김장수** 아니요. 없는 경험을 지어낸다면 면접관이 모를 리 없어요. 그리고 아진 씨께서 어느 지역에서든 적응할 수 있는 자신감이 실제로 있으시겠지만, 면접관이 믿기는 어려워요. 면접관은 지원자의 근거 없는 의지를 믿을 수가 없습니다. 처음엔 모두가 잘할 수 있고 할 수 있다고 하니까요. 대신 제가 제시해드린 두 번째 방법인 이 일을 진짜 하고 싶은 이유에 대해 얘기하는 건 어떨까요?

**김아진** 이 '일'을 진짜 하고 싶다는 것을 말하는 것과 제가 답변했던 이 '회사'에 꼭 가고 싶어서 지역이 상관없다는 것이 무슨 차이가 있을까요?

똑같지 않아요?

🧑‍🦰**김장수** 가정을 해봅시다. A 씨는 삼성전자에서 일할 수만 있다면 어떤 일이든, 어떤 지역이든 상관없다고 합니다. 반면 B 씨는 삼성전자의 반도체 공정개발 업무를 할 수 있다면 어떤 지역이든 상관없다고 합니다. 어느 분의 말을 더 신뢰할 수 있을까요? 단순히 기업의 네임 밸류만 쫓는 A 씨보다는 삼성전자에서 하고 싶은 일이 명확한 B 씨가 지역이 달라져도 업무와 생활에 더 잘 적응할 수 있지 않을까요?

👩‍🦰**김아진** 네, 이제 이해가 됩니다. 저의 경우라면 '지원한 회사에서 HR을 하고자 하는 명확한 이유'로 지역은 중요하지 않다는 점을 주장하면 되겠군요. 그러고 보니 이건 지원동기가 되겠네요.

🧑‍🦰**김장수** 그렇죠! 명확한 지원동기로 설득하는 것입니다. 지금까지 살펴본 것처럼 지원자의 약점을 찾아내기 위한 질문은 면접관의 의도를 정확히 파악하는 것이 가장 중요합니다. 면접관이 어떤 약점을 우려해서 질문했으며, 그 걱정을 해소시키기 위해선 어떻게 답을 해야 할지 고민해야 합니다. 면접관이 묻는 말에 바로 답변하게 되면 자칫 실수할 가능성이 크므로 뼈가 있는 질문에는 잠시 여유를 가지고 생각을 정리한 후 답변을 히시기 바랍니다. 면접스터디에 참여하고 계시다고 하니깐 스터디원들과 모의 면접을 자주 하면서 충분히 연습하시기 바랍니다.

**면접 준비 (8) 모호한 질문 대응하기**

**김아진** 대리님, 제가 면접 때마다 받은 질문이 있는데요. 상사가 부당한 지시를 하면 어떻게 대처하겠느냐는 질문엔 어떻게 답변해야 할까요?

**김장수** 그 질문은 상당히 자주 나오는 질문인데요. 고전적인 질문인데도 단골로 물어보는 질문입니다. 질문의 의도는 지원자의 윤리의식과 조직 융화력을 동시에 검증하기 위한 것인데 양쪽이 대립하는 지점이 있어서 어느 한쪽에 지나치게 치우친 답변은 좋은 평가를 받기 어렵습니다. 그런데 이 질문이 대답하기 상당히 까다로운 것이 '부당한 지시'가 무엇인지 정의가 되지 않았기 때문입니다. 그래서 지원자가 스스로 부당한 지시의 정의를 내리고, 본인의 경험을 예시로 들며 답변을 하면 면접관이 원하는 답을 할 수가 있습니다. 정우 씨라면 상사가 부당한 지시를 한다면 어떻게 하시겠어요?

**이정우** 부당한 지시라면 당연히 안 해야죠!

**김장수** 하하. 네 맞는 말씀이긴 한데, 방금도 말씀드렸다시피 부당하다는 것이 실제로 부당한 것이 아니라 본인의 잘못된 판단이나 제한된 정보 때문으로 부당하다고 느끼는 것일 수도 있잖아요. 실무자의 관점과 각 실무자의 업무를 통합적으로 바라보고 판단해야 하는 관리자의 관점이 다를 수가 있거든요. 반대로 그대로 따르겠다고 하는 것도 옳은 답은 아닙니다. 윤리적이지 않은 지시까지 따르겠다는 오해를 줄 수도 있거든요. 그래서 부당함의 범위를 스스로 정해야 한다고 한 것입니다.

이정우 부당하다는 것이 '구체적으로 어떻게 부당하다는 것인지'를요?

김장수 예컨대 이렇게 정의할 수 있겠죠. 윤리적으로 큰 결함이 있거나 법규에 위배되는 지시일 경우라고요. 먼저 이렇게 범위를 밝히고 나면 대처 방안이 명확해지겠죠.

김아진 그럴 경우엔 하지 않겠다?

김장수 그렇지만 말을 조금 더 순화해서 상사를 설득하겠다! 정도로 답하는 것이 좋겠습니다. 이 질문처럼 질문 자체가 모호하면 상당히 답변하기가 까다롭고 답변을 하더라도 면접관에게 공격적인 재질문을 할 수 있는 여지를 남기기가 쉬워요. 대표적인 형태가 양자택일 형태의 질문입니다. 예컨대 원칙과 융통성 중 무엇이 더 중요하냐 같은 질문이 있을 수 있는데요. 당연히 둘 다 중요한데 상황에 따라 양자가 충돌하는 상황이 생길 수가 있겠죠. 이런 질문에 답할 때도 구체적 상황을 스스로 가정을 하고 답을 한다든지, 아니면 본인의 경험을 통해 설명해야 합니다. 그렇지 않고 그냥 '저는 융통성이 더 중요하다고 생각합니다.'라고 답변을 해버리면, '그럼 원칙을 지키지 않고 법을 어기더라도 성과만 내면 그만이란 말이냐?'라는 식의 극단적인 예로 공격적인 질문을 받을 수도 있으니까요.

취업 합격 확실한 행복

**면접 준비 (9) 취미, 특기, 존경하는 인물**

🧑 김장수   이력서에 취미나 특기, 존경하는 인물을 적는 것을 요구하는 기업들도 있습니다. 이에 관해 질문하지 않을 수도 있지만, 면접관의 성향에 따라서 또는 면접 분위기를 조금 편안하게 만들기 위한 목적으로 질문을 받을 수도 있어요. 아진 씨도 취미에 대해 질문받은 적이 있나요?

👩 김아진   저는 특별히 취미라고 할 것이 없어서 그냥 독서라고 적어놨는데 최근에 감명 깊게 읽은 책이 뭔지 물어보더라고요. 갑자기 최근에 본 책이 뭐였지 생각해보니 만화책이었거든요. 그걸 답할 수도 없고, 오래전에 봤던 데미안이라고 답했는데 추가 질문 없이 그냥 넘어갔습니다. 혹시 잘못 대답한 걸까요?

🧑 김장수   아니에요. 취미에 정답이 있을 리가 없죠. 합격 결과에 영향을 주지는 않았을 겁니다. 그런데도 취미에 대해 굳이 얘기하는 이유는 아진 씨처럼 '독서'라고 적으면 '최근에 읽은 책'이나 '감명 깊게 읽은 책'에 관해 물어볼 수도 있고 '영화'라고 적으면 마찬가지로 '최근에 본 영화'를 물어볼 수도 있거든요. 그러니깐 이력서에 적은 취미나 특기에 관해 물어보았을 때 답변거리는 간단히 생각해두면 좋아요. 면접 때 갑자기 질문받으면 생각이 안 날 수도 있거든요. 결과에 결정적인 영향을 주는 중요한 질문은 아니겠지만, 기왕이면 잘 대답하는 것이 좋겠죠.

🧑 이정우 저는 취미가 축구이고 학교에서도 동아리 활동으로 축구 동아리에
참가하고 있는데 취미로 축구라고 답하는 건 어떤가요?

🧑 김장수 당연히 좋죠. 취미를 물어보는데 진짜 취미를 답하셔야지 거짓말할
순 없잖아요. 더구나 취미가 축구 같은 운동이라면 체력 관리를 잘하
고 있다는 면도 보여줄 수 있겠네요. 만약 조금 특별한 취미나 특기가
있다면 면접관이 흥미를 느끼고 물어볼 수도 있겠죠. 이력서에 적어
놓았다면 질문이 나올 수도 있으니깐 예상 답변을 간단히 생각해두
시면 됩니다. 존경하는 인물을 이력서에 적은 경우에도 질문이 뻔히
예상되잖아요. 존경하는 인물이 어떤 분이며, 왜 존경하게 되었는지
물어보겠죠. 쉽게 답변을 할 수 있는데도 갑자기 생각이 안 나서 얼버
무리면 안 되겠죠.

　예를 하나 들어드릴게요. 지금은 방산 회사에 재직 중인 제 동기는
존경하는 인물에 운전병으로 군 복무하며 보필했던 '장군님'이라고
적었대요. 훌륭한 리더십을 보여줬기 때문에 존경한다고 했겠죠. 그
런데 면접관이 장군님 성함이 어떻게 되는지 물어봤는데 이친구가
'그건 기밀 사항이라서 답변드릴 수 없습니다.'라고 답변했는데 면접
관들이 상당히 흡족해했다고 하네요. 방산 회사 직원들에겐 보안 의
식도 상당히 중요하니까요. 이 친구는 질문을 예상하고 이 답변을 사
전에 생각을 해두었다고 합니다. 이처럼 뻔히 예상이 가능한 질문에
대해서는 전략적인 준비도 가능하겠죠.

🧑 이정우 취미나 특기도 마찬가지로 전략적으로 작전을 세울 수도 있겠네요.

취업 합격 확실한 행복

👤김장수 그렇죠. 그런데 다시 당부드리지만 좋은 답변을 만들기 위해 절대로 없는 취미나 특기를 지어내서는 안 됩니다.

## 4-11 면접 준비 (10) 마지막 질문과 끝으로 할 말

👤김장수 면접이 마무리되어갈 시점에 면접관이 역으로 지원자에게 질문을 해 보라고 하기도 합니다. 어떤 질문을 해야 할지 막막하죠.

👩김아진 아, 저도 면접관이 저에게 질문해보라고 한 적이 있어요. 저는 '없습 니다. 제가 드리고 싶은 말씀은 모두 다 드린 것 같습니다.'라고 답변 했어요.

👤김장수 면접관을 곤경을 빠트리는 질문을 하는 것보다는 차라리 질문하고 싶은 것이 없다면 정직하게 없다고 하는 편이 낫습니다.

👩김아진 그땐 대비가 안 되어 있어서 없다고만 했는데, 다음에도 없다고 하면 안 될 것 같아요. 무난하게 할 수 있는 적당한 질문이 있을까요?

👤김장수 글쎄요, 이때 많이들 하시는 질문들을 몇 개 생각해보죠. 제 경험상 가장 많이 하시는 질문이 "면접 과정에서 제가 보완할 점이 있었다면 어떤 점이 있을지 알려주시면 입사 전까지 보완하도록 하겠습니다." 라는 질문인데 본인의 부정적 면을 면접 마지막 시점에 굳이 한 번 더

상기하도록 만들 필요가 있을까 싶습니다. 마찬가지 이유로 "아까 답을 못했던 질문에 대해 다시 답을 해도 되겠습니까?" 같은 말도 좋지 않아요.

그리고 절대 하지 마셔야 할 질문이 연봉이 얼마쯤 되는지, 휴가는 얼마나 자주 쓸 수 있는지, 근무지는 어디인지 등 보상이나 처우에 대한 질문입니다. 신입 사원에겐 처우 협상을 할 기회가 잘 주어지지는 않습니다. 대신 거부하고 입사를 하지 않을 수는 있는데 일단 합격한 후에 판단해도 늦지 않습니다. 면접 단계에서 처우 이야기를 꺼내서 부정적 인상을 심어줄 필요가 없습니다.

**김아진** 그럼 어떤 질문을 해야 할까요?

**김장수** 지원한 직무를 하고자 하는 의지를 보여줄 수 있는 질문이 좋을 것 같습니다. 예컨대 해당 직무의 전문가로 성장하기 위해 업무 외 어떤 활동이나 공부를 하면 좋을지, 입사 전까지 어떤 공부를 하고 가면 도움이 될지, 신입 사원에게 가장 중요한 역량이라고 생각하는 것이 무엇인지 등을 물어보면 입사 의지를 보여줄 수 있겠죠.

또 역으로 질문을 해보라고 할 때는 면접을 끝내려는 시점일 때가 많은데요. 그럴 땐 '질문 대신 꼭 드리고 싶은 말씀이 있는데 드려도 괜찮겠습니까?' 여쭤본 후 준비한 마지막 할 말을 하는 방법도 있습니다.

**김아진** 마지막 할 말 꼭 준비해야 하나요? 지난 면접에서 면접관이 끝으로 하고 싶은 말 있으면 해보라고 하셨는데, 바로 생각나는 것이 없어서 그냥 없다고 했었거든요.

김장수　준비하시는 것을 권장 드립니다. 마지막 할 말이 따로 없다고 하면 입사 의지가 부족해 보일 수도 있거든요. 그런데 마지막 할 말이 사실 결과 당락에 영향을 주는 일은 많지 않아요. 이땐 거의 면접이 끝나가는 시점이기 때문에 지원자에 대한 평가는 이미 내려진 상태일 때가 많거든요.

김아진　결과에 영향을 줄 가능성은 적지만, 그래도 아예 아무 말도 하지 않는 것은 좋지 않다는 말씀이죠?

김장수　그렇습니다. 만약 마지막 할 말을 할 기회를 주지 않더라도 방금 전에 설명해 드린 것처럼 질문할 기회를 활용해도 좋고, 면접을 끝내려는 시점에 손을 들고 자진하여 '꼭 드리고 싶은 말이 있는데 해도 괜찮겠습니까?' 하는 것도 좋습니다. 마지막 할 말을 통해 지원동기를 다시 한번 강조할 수도 있고, 직무상 강점을 강조할 수도 있겠죠. 어떤 방식이 되었든 본인이 강점이라 생각하는 점을 마지막으로 각인시킬 수 있도록 준비를 하면 됩니다. 그런데 가장 좋은 마지막 할 말은 준비한 대본이 아니라 그 순간 생각나는 본인의 진심을 전달하는 것입니다. 아까 말씀드렸다시피 마지막 할 말이 당락을 바꿀 가능성은 크지 않습니다. 그럼에도 불구하고 마지막 순간에 역전의 가능성을 만들려면 미리 준비한 이성적인 대본보다 가슴에서 나오는 진심이 더

욱 효과적이겠죠.

김아진 준비는 하되, 그 순간 진심으로 하고 싶은 말이 생각난다면 그 말을 해라. 이런 말씀이죠?

김장수 네, 그렇습니다.

## 4-12 전체 마무리

김장수 지금까지 4회에 걸쳐 여러분의 진로 선택보다 직무 설정, 자기소개서, 인·적성시험, 면접까지 취업에 관한 이야기를 전반적으로 했습니다. 도움이 되셨을지 모르겠네요.

김아진 그럼요! 무엇보다 다시 자신감을 얻었어요. 지난 하반기 취업에 실패하면서 자신감을 많이 잃었었거든요. 도대체 내가 뭐가 부족해서 떨어지나 생각했었어요. 그런데 이제 객관적으로 제가 개선해야 할 점과 기술적으로 보완할 수 있는 점을 분명히 알게 되어서 앞으로 어떻게 취업을 준비해야 할지 계획을 세울 수 있을 것 같아요.

이정우 전 4번에 걸친 멘토링과 또 두 분의 현직자와의 멘토링을 직접 하고 나서 재무 직무로 제 직무를 선택할 수 있었어요. 사실 전 재무 직무를 하고 싶었어요. 그전부터요. 그런데 제가 학벌도 안 좋고, 회계에

취업 합격 확실한 행복

대해 지금 당장 아는 것도 없는데 언감생심이란 생각을 했었거든요. 그런데 도전해보기로 했습니다. 대리님 말씀처럼 도전을 해보고, 안되면 뭐 어때요. 일단 시작하는 것이 중요하고, 시작한 후에는 만약 잘 안 되더라도 다른 길이 또 보일 것이라 믿으려고요.

**김장수** 직무를 선택하셨다니 진심으로 축하드립니다. 시작이 반이라는 말이 결코 과장되거나 틀린 말이 아니라고 믿어요. 더욱이 지금 시점에서 직무를 선택하신 것만으로도 다른 분보다 훨씬 앞서 나가는 것이겠죠.

**이정우** 대리님 덕분입니다.

**김장수** 별말씀을요. 저도 두 분 보고 나서 다시 회사 생활을 열심히 할 힘을 얻었습니다. 지금 하고 있는 일이 과거의 제가 얼마나 열망했던 일인지 두 분을 보면서 다시 생각하게 되었어요. 제가 더 감사하게 생각합니다.

4주간 취업에 필요한 기술적인 부분들을 많이 알려드리려고 했습니다. 충분한 역량과 자질을 갖추었음에도 기술적인 준비가 부족하여 취업이 되지 않는 것은 지원자에겐 입사 기회를 놓치는 것이고 회사도 인재를 놓치는 큰 손실이 됩니다. 적어도 두 분만큼은 작은 실수나 면접 기술 부족으로 실력 발휘를 100% 하지 못하는 일이 없으시도록 제가 현장에서 느낀 것을 최대한 알려드리려고 했어요. 앞으로도 취업 준비를 하시며 궁금하신 것이 있으시면 언제든 연락해주세요. 최대한 도움 드리도록 하겠습니다. 그럼 4주간 정말 수고 많으셨어요!

# 실무 면접 유형 분석

## 1. Business Case 면접(Presentation 면접)

### ▶면접 프로세스

| | |
|---|---|
| 면접 안내 | 입실 후, Business Case 문제에 대한 간략한 설명과 발표안 작성 방법(작성 시간, 작성 분량 등)에 대한 안내를 받는다. |
| 발표안 작성 | 안내에 따라 Powerpoint, Word, 자필 등의 방식으로 발표안을 10~15분 정도 안에 작성한다. |
| 면접(발표) | 발표안을 토대로 5~10분 정도 자신의 해결 방법을 제시한다. |
| 면접(질문) | 발표안에 대한 논리적 근거에 대한 설명과 타당성에 대한 질문을 중심으로 진행된다. |

### ▶면접 요령

- 자신이 도출한 해결 방안을 포함한 발표 자료에 대해 논리적인 근거를 바탕으로 설명하도록 한다.
- 자신의 의견을 지나치게 주장하여 면접관과의 언쟁으로 이어지지 않도록 주의한다.
- 사전에 발표 연습을 충분히 하여 자신감 있는 자세나 말투와 어조로 면접에 임해야 한다.

**질문 예시**

다음의 A/B안 중 학교 수강신청시스템에 대해 적절한 설치 방식을 설명하세요.

**A 안 : HW 설치 방식**

1. 초기 설치비가 많이 든다.
2. 서버를 증설하거나 이전하는 데에 비용이 많이 들고 작업 기간이 길다.
3. 서버가 안정적이고 오류가 적게 발생한다.
4. 보안이 뛰어나 외부의 해킹 등 침입으로부터 안전하다.

**B 안 : Cloud 설치 방식**

1. 초기 설치 비용이 저렴하다.
2. 서버를 축소·증설하는 데에 비용이 적게 들고 작업 기간이 짧다.
3. 서버가 때로는 불안정하고 오류가 자주 발생하는 편이다.
4. 보안 측면에서 취약하다.

**답변 예시**

▶배경

- 학교 수강신청시스템은 수강 신청 기간 등 특정 기간에 트래픽이 증가하는 특징이 있음.
- 개인의 금융정보 등 극도로 민감한 정보가 아니므로 상대적으로 은행 등 기업보다 보안에 민감하지 않음.

▶A/B 안 비교 내용

| 구분 | A 안: HW 설치 방식 | B 안: Cloud 설치 방식 |
|---|---|---|
| 초기 설치비 | 많은 | 적음 |
| 서버 운영 유연성 | 증설이 어려움 | 증설이 쉬움 |
| 서버 안정성 | 안정 | 상대적으로 불안정 |
| 보안 | 안정 | 상대적으로 불안정 |

▶결론 : B 안이 유리하다.

- 학교 수강신청시스템은 수강 신청 기간에만 트래픽이 급증하므로 서버 증설이 쉬운 것이 유리하다. (비용 小, 작업 기간 短)
- 민감한 금융 정보 등을 포함하지 않았으므로 보안에 큰 비용을 들이는 것은 비효율적임.

## 2. 영어 면접

▶면접 프로세스

| 면접 안내 | 입실 전 간단한 안내를 받고 대기한다. |
|---|---|
| 면접 | 대부분 회사 직원이 아닌 외부 컨설팅 회사의 네이티브(native) 미국인과 면접을 진행하며, 지원동기, 입사 후 포부 등 기본적인 질문으로 진행된다.<br>비즈니스 상황에서의 영어 능력을 테스트하기 위해 간혹 회사에서 일어날 수 있는 상황별 질문을 하기도 한다. |

▶면접 요령

- 기본적인 영어 능력을 평가하는 것이 일반적이므로 사전에 지원 동기, 입사 후 포부 등의 간단한 질문은 준비하는 것이 유리할 수 있다.

- 간혹 비즈니스 상황을 질문할 경우 지나치게 자신의 지식을 어필하려다 실수하는 것보다는 안정적으로 답변하여 영어 능력을 충실히 보여줄 필요가 있다.

### 질문 예시

- What is your work experience before you come to this company?

- What is your strength to work in this company?

- Please explain about your weakness of your character.

- What is your motivation to work in this company?

- Please describe the job you have applied to?

## 3. 토론 면접

### ▶면접 프로세스

| | |
|---|---|
| 면접 안내 | 입실 전 지원자들은 토론 면접 문제를 부여받고 토론 면접 방식에 대한 안내를 받는다. |
| 역할 배분 | 찬성과 반대의 수적 균형을 맞추기 위해 사전에 찬성과 반대를 정한다. 때로는 사회자를 추가하여 정하는 곳도 있다. |
| 면접 | 20~40분의 짧은 시간 동안에 이루어지므로 2~3회의 발언의 기회가 있다. |
| 추가 질문 | 대부분은 토론 시간이 종료되면 면접이 끝나지만, 면접관에 따라서 토론 중 발언 내용에 대해 추가 질문을 하는 경우가 있다. |

### ▶면접 요령

- 여러 면접자가 의견을 주고받아야 하는 토론이므로 자신의 의견을 논리적인 근거를 들어 간단명료하게 말하도록 한다.

- 자신의 의견을 다른 사람에게 무리하게 강요하지 않도록 주의한다.
- 상대방의 의견을 비난하거나 조롱하지 않도록 주의한다.

### 질문 예시

- 촛불 시위에 대한 자신의 찬반 의견을 논리적인 근거를 들어 말하세요.
- 우리나라 정부가 북측에 지원하는 물질적인 원조에 대한 찬반 의견을 말하세요.
- 청년 실업을 줄이기 위한 현 정부의 일자리 정책에 대해 찬반 의견을 말하세요.

## 4. 인성/상황 면접

### ▶면접 프로세스

| 면접 안내 | 입실 전 지원자들은 대기한다. |
|---|---|
| 면접 | 2~5인을 기준으로 40~60분간 이루어지며, 기본적으로 자기소개서를 바탕으로 한 질문이 많다.<br>회사 생활 중 충분히 발생할 수 있는 상황으로 상사와의 불화, 노조 문제 등에 대한 질문이 있을 수 있다. |
| 면접 종료 | 면접 시간에 따라 마지막으로 하고 싶은 말 등에 대한 추가 질문이 있을 수 있다. |

### ▶면접 요령

- 여러 면접자가 의견을 주고받아야 하는 토론이므로 자신의 의견을 논리적인 근거를 들어 간단명료하게 말하도록 한다.
- 자신의 의견을 다른 사람에게 무리하게 강요하지 않도록 주의한다.

취업 합격 확실한 행복

- 상대방의 의견을 비난하거나 조롱하지 않도록 주의한다.

### 질문 예시

- 상사가 무리한 업무 지시를 하는 경우 어떻게 할 건가요?
- 지방으로 발령이 나면 어떻게 할 건가요?
- 학점이 아주 낮은데 왜 그런가요?
- 휴학한 기간이 많은데 그 기간 어떤 것을 했나요?
- 다른 부서와 적극적인 협업이 이루어지지 않는다면 어떻게 할 건가요?
- 노조에서 무리하게 파업을 하는 경우 어떻게 할 건가요?

### 5. 전공 면접

▶ **면접 프로세스**

| 면접 안내 | 입실 전 지원자들은 대기한다. |
|---|---|
| 면접 | 1~3인을 기준으로 40~60분간 이루어지며, 기본적으로 전공 수업에서 배웠던 내용들이 많다. |
| 면접 종료 | 전공 질문을 제외하고 추가 질문은 거의 없으며, 면접자가 답변을 하지 못할 경우 다른 지원자에게 질문이 집중된다. |

▶ **면접 요령**

- 대부분 대학교 전공수업 시간에 배웠던 것을 바탕으로 면접이 진행되므로 사전에 전공에 대한 충분한 학습을 해야 한다.
- 주로 지원한 회사의 산업에 관련된 전공 지식에 대한 질문이 많으므로 지원한 회사의 주력 사업을 고려하여 준비할 수 있도록 한다.

휴대전화는 특정 주파수로 신호와 데이터를 교환함으로써 통신이 이루어지는데, 이때 특정 주파수를 쓰고 싶다면 어떻게 해야 하는지 설명해보세요.

특정 주파수를 걸러내기 위해서는 Filter를 사용해야 합니다. 필터에 대해 간단하게 말씀드리자면 LPF(Low Pass Filter)는 저역통과필터로 커패시터를 이용해 낮은 주파수를 통과시킵니다. 또한 HPF(High Pass Filter)는 고역통과필터로 인덕터를 이용해 높은 주파수를 통과시킵니다. 결론적으로 이 두 필터를 조합하여 BPF(Band Pass Filter)를 만들어 특정 주파수만 받아들일 수 있게 만들 수 있습니다.

**EX** 700~720㎒

# 면접에서 자주 하는 실수 핵심 정리

요즘은 취업 전형은 세분화 되고 면접 유형은 더욱 더 많아졌습니다. Presentation 면접, Business Case 면접, 토론 면접, 전공 면접, 영어 면접, 인성 면접 등 회사에 따라 면접 유형은 천차만별이고, 그에 따라 학점, TOEIC 점수 등 스펙도 쌓아야 하는 취업준비생들의 부담은 더 커지고 있는 것이 현실입니다. 처음 준비하는 취업과 생소한 면접 과정에 취업준비생들의 부담감이 커지고 있지만, 자신이 지원한 기업의 면접 과정을 치밀하게 분석하여 합격에 가까이 갈 수 있도록 노력해야 합니다.

면접은 기본적으로 면접관과의 줄다리기입니다. 무조건 자기자랑만 늘어놓는다고 해서 면접관이 좋아하지는 않습니다. 면접관의 질문 의도를 잘 파악하여 자신의 역량을 어필하는 것이 매우 중요합니다. 간혹 면접관들의 공격적인 질문에 어려움을 토로하는 취업준비생들이 많은데 그것은 감정적으로 대처하기 때문입니다. 면접에서 가장 명심해야 할 것은 면접관들은 면접자들에게 악감정이 전혀 없다는 사실입니다. 오히려 면접관들은 학점이나 영어 점수 등의 스펙과 구분 없이 모두 공평하게 질문하고 답변의 기회를 주어 모든 면접자가 자신의 역량과 차별성을 어필할 기회를 주는 구세주 같은 사람들입니다. 이때 집중해야 할 것은 면접에서 실수하거나 잘못된 답변을 줄이는 것입니다. 면접 질문에는 정답이 있는 것이 아니니 특별히 실수하지 않고 무난하게 답변한다면 실수한 다른 면접자들보다 상대적으로 유리한 점수를 받을 수 있습니다.

그럼 지금부터 면접에서 흔히 겪을 수 있는 실수를 바탕으로 올바른 면접 방법에 대해 알아보고자 합니다. 면접관의 질문 의도를 잘 파악하고 질문 하나하나의 기회를 잘 살려 합격으로 가는 지름길을 선택하기를 바랍니다.

## ❶ 긴장하여 말을 더듬거나 목소리가 떨리는 유형

이 부분을 처음 언급하는 이유는 말의 겉모습에 너무 치중할 필요가 없다는 말을 하고 싶어서입니다. 흔히들 말을 수려하게 물 흐르듯이 하는 사람이 면접을 잘 볼 거라고 생각합니다. 물론 말을 잘 하는 것은 좋습니다. 하지만 여기서 '잘'이라는 의미는 사실을 기반으로 논리적으로 자신의 의견을 펼쳐냈는가 하는 것이지 겉만 번지르르한 화려한 말솜씨가 아닙니다. 또한 너무 자연스럽게 답변한다면 미리 암기했다는 느낌을 주어 특별한 인상을 주지 못할 수도 있습니다. 그러므로 긴장해서 목소리가 떨린다거나 말을 더듬는 취업준비생들은 자신감을 가지기를 바랍니다. 말의 내용을 파악하기 힘들 정도로 심각한 수준이 아니라면 서툰 말투는 합격 당락을 결정하는 중요한 요인은 아닙니다. 나의 단점이 치명적이지 않다는 사실을 인지하고 자신 있게 말을 할 때 그 단점을 극복할 수 있을 것입니다. 이제 치명적인 결과를 가져올 수 있는 심각한 실수에 관해 이어서 언급하고자 합니다.

## ❷ 압박 면접에 발끈하는 유형

압박 면접은 면접관들이 흔히 말하는 스펙이 좋은 면접자들을 시험할 때 자주 사용하고 탈락자가 많이 발생하는 경우입니다. 여러 유형의 압박 면접이 있지만 여기서는 비교를 하면서 공격적인 질문을 하는 경우를 예로 들어 보겠습니다. '영어 점수가 아주 낮네', '인턴 경험이 없네' 등 다른 면접자의 스펙과 비교하며 자존심을 건드리고, 이어서 면접자의 역량을 과소평가하는 질문은 정답도 없고 대처가 어려운 경우가 많습니다.

가령 옆의 면접자와 학력을 비교하며 '명문대 학생이 있는데 왜 A 대출신을 뽑아야 하지?'라는 질문을 받았다고 해보겠습니다. 필자가 실제 유명 IT 기업에서 받았던 질문입니다. 이런 질문을 할 거면 왜 서류합격에 이어 면접에 참여시켰는지에 대해 이해할 수도 없고 화가 날 수도 있습니다. 하지만 앞서 언급했듯이 면접관은 면접자에 대한 악감정이 없습니다. 이 사실을 명심하고 해당 질문에 화를 내는 것이 아니라 침착하게 대처해야 합니다. 필자가 생각하는 답변은 '물론 수능 점수를 가지고 학교를 평가하자면 명문대가 A 대보다 좋은 학교가 맞습니다. 하지만 저는 A 대에서 유능하신 교수님의 지도로 우수한 커리큘럼을 배우며 졸업했습니다. 따라서 해당 직무를 수행하기 위한 기본 지식과 역량으로 평가하자면 대학생들보다 부족하지 않다고 생각합니다.'입니다. 이처럼 면접관의 질문을 직접적으로 대답하기보다는 유연하게 대처해야 자신의 단점도 보완하며 긍정적인 인식을 끌어낼 수 있습니다.

### ❸ 자신의 답변을 고집하는 유형

　Business Case 면접에서 자주 발생하는 실수로 이 같은 실수를 했을 경우 회복하기 상당히 어렵습니다. Business Case 면접은 자신만의 논리를 세워 솔루션을 제시해야 하기 때문에 기본적으로 자신의 주장을 강하게 피력해야 하는 것이 맞습니다. 하지만 틀렸다는 사실을 인지하였는데도 일관성을 지키기 위해 잘못된 주장을 이어나갈 필요는 없습니다. 자신이 잘못 생각했음을 빠르게 인정하고 주장의 방향을 수정과 보완하는 것이 좋습니다. 가령 어떤 솔루션(A)으로 주장을 펼치고 있는데 해당 솔루션의 단점(B)을 지적하는 경우에는, 솔루션의 단점을 보완하여 새로운 솔루션(A + B => C)을 제시하는 것이 훨씬 유연한 사고를 하는 것으로 보입니다. 여기서 면접관이 확인하고자 하는 것은 면접자의 논리적인 사고능력이기도 하지만 수많은 회의와 협업을 해야 하는 회사에서 다른 직원과의 마찰을 유발하지 않고 프로젝트를 진행할 수 있는 사람인지를 보는 경우도 많습니다. 자신의 생각이 무조건 옳다는 주장으로 면접관과 대결하기 보다는 주어진 문제의 해결을 위해 자신의 답변을 더욱 다듬어 나가는 방식으로 대화를 진행하는 것이 좋습니다.


### ❹ 무조건 잘할 수 있다는 근자감 유형

　'열심히 잘할 수 있습니다.'
　면접자들이 흔히 쓰는 가장 대책 없는 답변입니다. 무엇을 어떻게 잘하겠다는 구체적인 답변을 못하지만 합격은 하고 싶으니 지푸라기 잡는 심정으로 휘두르는 마지막 스윙이라고 할 수 있습니다. 당연히 면접관이 하루에도 수십 번 듣는 상투적인 말이고 면접관의 심금을 울릴 수 없는 의미 없는 헛스윙일 뿐입니다. 예를 들어, 해외 영업을 하면 시차에 따라 일정하지 않은 시간에 일할 수 있는데 잘할 수 있는지에 대한 질문을 받았다고 해보겠습니다. 그러면 "시험기간에 자주 밤을 새워 공부하는 편인데 특별히 잠에 대한 영향을 많이 받는 편은 아니라 학점을 이수하는 데에 큰 어려움이 없었습니다. 따라서 시차가 있는 국가의 사업자와 업무 협의를 수행하는 데에도 문제가 없을 것이라 자신합니다."라고 답변하면 설득력 있게 받아들여질 수 있습니다. 덧붙여 대외 활동이나 해외 경험으로 타 문화권 사람들과 소통하는 데 큰 어려움이 없음을 어필한다면 훌륭한 답변이 될 것입니다. 간단한 질문을 던지더라도 단순하게 답변하기보다는 모든 질문을 기회로 보고 자신의 경험을 통한 역량을 어필하는 것이 중요합니다.

### 5 불확실한 표현을 자주 사용하는 경우

면접에서 '~인 것 같습니다.', '~인 듯합니다.' 등의 불확실한 뉘앙스로 말하는 경우가 많습니다. 겸손해 보이고 싶거나 자신감이 부족할 때 자연스레 나오는 말투인데 어느 경우든 좋게 보이지는 않습니다. 두 가지 모두 계속 반복된다면 면접관이 그 답변을 의심하게 만들고 괜히 신뢰감이 떨어지는 인상을 줄 수 있습니다. 그래서 면접에서의 마지막 말은 '~입니다.'라고 확실하게 표현하는 것이 좋습니다. 정말 자기 답변이 불확실하다면 '제 생각에는 ~라고 생각합니다.'라고 자기 생각임을 말하면 됩니다. 말끝을 흐리거나 불확실하게 맺는다면 그 답변이 맞더라도 면접관에게 좋은 인상을 주기 어렵습니다.

### 6 공백 기간에 대한 설명이 부족한 경우

요즘은 각종 자격증 공부, 대외 활동, 인턴 등으로 휴학을 하지 않고 졸업하는 경우가 많지 않습니다. 대부분의 학생이 같은 상황이니 공백 기간이 있다고 해서 엄청난 단점이 되지는 않습니다. 다만 그 공백 기간을 의미 있게 설명하지 못한다면 그것은 곧장 마이너스로 작용합니다. 가령 자격증 공부를 위해 휴학을 했다고 하면 'OO자격증 공부를 위해 휴학했습니다.'라고 답변하면 좋은 답변이라고 보기 어렵습니다. 어떻게든 지원한 직무와 연관 지어 자격증 공부가 해당 직무에서 역량을 발휘하는 데에 기반이 될 수 있음을 설명해야 합니다. 그 역량이 실제 직무에 어떻게 발휘되고 다른 지원자와 차별화될 수 있는지 덧붙인다면 매력적인 답변이 될 수 있습니다.

### 7 이전 직장에 대해 좋지 않게 말하는 경우

이직 사유를 물어보면 대부분의 경력직 면접자들이 좋지 않은 부분을 언급합니다. '야근이 많았다.', '업무나 조직문화가 맞지 않았다' 등 현재 지원한 회사를 띄워주고자 이전 직장을 자연스럽게 깎아내리게 됩니다. 하지만 한 가지 간과하는 것이 그런 이직의 이유는 대부분 합격하더라도 충분히 겪을 수 있는 부분이라는 사실입니다. 대부분의 회사가 비슷한 조직체계를 가지고 운영되고 있기 때문에 이직을 하더라도 비슷한 이유로 또 다른 직장을 찾게 되는 경우가 있습니다. 그래서 면접관의 질문은 면접자의 역량 파악도 중요하지만 이직 의도를 파악하는 데에 중심을 두는 경우도 많습니다. 이전 직장에서의 경험이 현재 지원한 직무에서 더 큰 역량을 발휘할 수 있는 가치 있는 경험이었음을 어필하고 근무 시간이나 연봉은 될 수 있으면 언급하지 않는 것이 좋습니다.

이 밖에도 면접에서 발생할 수 있는 많은 실수들이 있지만 항상 적용되는 공식은 면접관이 왜 이런 질문을 할까를 먼저 생각하고 유연하게 답변하는 것입니다. 개인으로 따지면 단 수십 분의 시간으로 20~30년간 함께할 사람을 뽑는 데에 단순 질의형 질문은 없습니다. 질문 하나하나를 잘 파악하고 답변했을 때 합격의 지름길을 갈 수 있을 것입니다.

# 이정우의 영업 직무 현직자 멘토링

**서영우 대리** 안녕하세요, 만나서 반갑습니다.

**이정우** 안녕하세요, 이렇게 찾아뵐 기회를 주셔서 감사합니다. 퇴근하고 쉬셔야 할 텐데 저 때문에 괜히 못 쉬는 건 아닌지 죄송합니다.

**서영우 대리** 아닙니다. 현업에 치이고 있다가 이렇게 진로를 진지하게 고민하고 있는 대학생분들을 보면 저도 다시금 에너지를 얻게 되는 것 같습니다. 영업과 재무 중 어떤 직무를 선택할지 고민이라고 들었습니다.

**이정우** 맞아요. 지난번에 재무 직무 현직자를 만나서 이야기를 들을 기회가 있었는데 그분 말씀을 듣고 사실 재무 직무로 조금 더 기운 상태이긴 합니다. 그런데 제가 영업 직무를 잘 이해하지 못한 상태에서 잘못된 생각을 하는 건 아닌지 걱정도 돼서 대리님 말씀을 듣고 다시 스스로 정리를 해보려고 합니다.

**서영우 대리** 그렇군요. 지금은 영업 직무에 대해 어떻게 이해하고 계신가요?

이정우 회사가 생산하는 제품이나 서비스를 고객에게 제공하기 위한 계약을 하는 일로 이해하고 있고요. 그래서 사교성이 영업 담당자에게 가장 중요한 역량이라고 생각하고 있습니다. 그런데 저는 사교성이 좋은 편이 아니라서 과연 영업을 할 수 있을까? 하는 고민이 있습니다.

서영우 대리 정우 씨가 생각하는 사교성이 어떤 것이죠?

이정우 처음 보는 사람과도 마치 알던 사람을 만난 것처럼 편안하게 대화할 수 있고 분위기를 주도할 수 있는 능력이 아닐까 생각합니다.

서영우 대리 영업 담당자가 말씀하신 사교성이 있다면 좋겠죠. 그런데 사교성이 필요한 건 어느 직무든지 마찬가지입니다. 사교성만 있으면 회사의 제품을 잘 판매할 수 있을까요?
대부분의 취업준비생들이 정우 씨처럼 영업 담당자에게 제일 중요한 역량을 사교성 또는 소통역량이라고 생각합니다. 그런데 '소통'이라고 하는 역량은 영업 담당자에게만 필요한 역량이 아니라 직장인의 기본 소양 아닐까요?

이정우 회사의 어느 담당자도 혼자 일하지는 않으니까 소통은 기본이어야겠군요.

서영우 대리 그렇죠. 그리고 영업 직무를 단순히 무언가를 파는 일로만 생각하기 때문에 영업 직무하면 '소통'이 바로 연상이 되시는 것일 텐데요. 영업 직무를 조금 더 세부적으로 구분하여 이해하실 필요가 있어요. 영업은 업종에 따라 B2B 영업과 B2C 영업으로 나뉘고, 고객사의 국적에 따라 해외 영업, 국내 영업으로도 나뉩니다. 또 역할에 따라 일반 영업, 영업 관리, 영업 지원 등으로 나눌 수 있습니다. 유관 직무로는 마케팅과 MD도 있습니다. 이처럼 영업 담당자도 세부적으론 스펙트럼이 다양하기 때문에 각기 필요한 역량은 다를 수밖에 없겠죠.

**이정우** 다 같은 영업 직무가 아니군요. 대리님께선 그러면 정확히 어떤 영업일을 하고 계세요?

**서영우 대리** 저는 B2B 국내 영업을 하고 있습니다. 조금 더 자세히 설명을 드리자면, B2B 영업이기 때문에 소비자를 직접 만나는 것이 아니고 주요 고객사와 정기적인 협상을 통해 공급량과 가격에 대한 계약을 맺는 일을 하고 있습니다. 계약 체결 후로는 매일 공장에 생산 주문을 넣어 제때 제품이 납품되도록 관리하는 것도 중요한 업무고요. 어때요, 생각하신 영업과는 차이가 조금 있지 않나요?

**이정우** 그렇네요. 대리님께서는 만나는 고객이 한정되어 있으시겠네요.

**서영우 대리** 맞아요. B2B라도 고객사가 다양한 업종도 있겠지만, 저희 업종의 경우 고객사가 2~3개의 독점 대기업이기 때문에 그렇습니

취업 합격 확실한 행복

다. 그래서 소수의 고객에게 신뢰를 주는 영업 담당자가 되는 것이 아주 중요해요.

**이정우** 어떻게 하면 신뢰를 줄 수 있을까요?

**서영우 대리** 평소에 업계 동향을 계속 추적하고 있어야 합니다. 회사 제품에 대한 기술적 이해는 기본이고요. 그래야 갑자기 제품을 납품할 수 없는 일이 벌어진다든지 품질에 대한 클레임이 발생했을 때 고객이 원하는 수준의 대응이 가능하거든요. 그냥 '소통' 역량만으로도 할 수 있는 일이 아니라는 건 이해가 가시겠죠?

**이정우** 어떻게 하면 신뢰를 줄 수 있을까요?

**서영우 대리** 평소에 업계 동향을 계속 추적하고 있어야 합니다. 회사 제품에 대한 기술적 이해는 기본이고요. 그래야 갑자기 제품을 납품할 수 없는 일이 벌어진다든지 품질에 대한 클레임이 발생했을 때 고객이 원하는 수준의 대응이 가능하거든요. 그냥 '소통' 역량만으로도 할 수 있는 일이 아니라는 건 이해가 가시겠죠?

**이정우** 네, 영업 업무도 제가 생각했던 것보다 훨씬 더 복잡한 일인 것 같습니다. 영업 담당자는 모두가 외향적이어야 한다고 알고 있었는데, 대리님의 업무는 반드시 외향적인 성격이 더 잘할 것 같지는 않은데요?

🙂 **서영우 대리** 맞아요. 영업 직무가 일반적으로는 외향적인 성격이 유리한 것은 맞지만 업종에 따라서는 성격이 외향적이냐, 내향적이냐 는 큰 문제가 안 되는 경우도 있어요. 실제로 저희 팀 동료들 중에는 내성적인 분들도 계시지만 결코 성과가 떨어지지는 않 습니다.

🙂 **이정우** 그럼 영업 담당자에게 가장 중요한 역량이 뭐라고 생각하세요?

🙂 **서영우 대리** 저는 기업에 대한 이해라고 생각합니다. 재무나 인사 같은 지 원 직무는 업종이 바뀌더라도 하는 일이 크게 달라지지는 않는 데 영업 직무는 그 업의 최전선에서 고객과 직접 대면하는 일 을 하므로 업종이 달라지면 같은 영업 담당자에게 요구되는 지 식과 태도가 크게 달라집니다. 예컨대 IT 서비스 업종의 영업 담당자라면 IT에 대한 기술적 이해가 반드시 있어야 하고, 수산 물 영업 담당자라면 수산업에 대한 이해가 있어야 합니다. 입 사 후에도 끊임없이 공부해야 하고요.

🙂 **이정우** 그렇군요. 끝으로 질문 한 가지만 더 드리고 싶어요. 그럼 어떤 분들이 영업을 고민하면 좋을까요?

🙂 **서영우 대리** 기업의 기본은 영업이라고 생각합니다. 영업이 없으면 기업이 존재할 수 없죠.

우리나라에선 이상하게 영업직에 대한 편견이 존재하는 것 같습니다. 그렇지만 한 업종의 전문가로 성장할 수 있는 가장

취업 합격 확실한 행복

빠른 길은 커리어를 영업 담당자로 시작하는 것입니다. 그런 면에서 본인이 관심이 있고 몸담고 싶은 업종이 있는 분이라면 커리어의 시작점으로 영업직에 도전해보시라 권해드리고 싶습니다.